CELL ANGEL

Books by Menna Elfyn

Mwyara (Gomer Press, 1976)
'Stafelloedd Aros (Gomer Press, 1978)
Tro'r Haul Arno (Gomer Press, 1982)
Mynd Lawr i'r Nefoedd (Gomer Press, 1985)
Aderyn Bach mewn Llaw (Gomer Press, 1990)
Dal Clêr (Hughes a'i fab, 1993)
Madfall ar y Mur (Gomer Press, 1993)
Eucalyptus (bilingual, Gomer Press, 1995)
Cell Angel (bilingual, Bloodaxe Books, 1996)

First English translations appeared in
The Bloodstream, ed. Ceri Meyrick (Seren, 1989)

CELL ANGEL
Menna Elfyn

with English translations by
GILLIAN CLARKE
ELIN AP HYWEL
JOSEPH CLANCY
TONY CONRAN

BLOODAXE BOOKS

ISBN: 1 85224 384 8

First published 1996 by
Bloodaxe Books Ltd,
P.O. Box 1SN,
Newcastle upon Tyne NE99 1SN.

Bloodaxe Books Ltd acknowledges
the financial assistance of Northern Arts.

The publication of this book has been supported
with a translation grant from the Arts Council of Wales.

19472
(16.9.97)
C

Cover printing by J. Thomson Colour Printers Ltd, Glasgow.

Printed in Great Britain by
Cromwell Press Ltd, Broughton Gifford, Melksham, Wiltshire.

ACKNOWLEDGEMENTS

Acknowledgements are due to the editors of the following publications in which some of these poems first appeared: *Golwg, Barn, Tu Chwith, Modern Poetry in Translation* No.7, *Thirteen Ways of Looking at Tony Conran* (Welsh Union of Writers, 1996), *Hands Off* and *Vilenica '96*.

'Coed Newydd'/'New Growth' and 'Yn eu Cil'/'On the Brink' were televised on S4C as part of a documentary on Vietnam (Cwmni Boda, 1996).

I am deeply grateful to the poets for translating my work and to Nigel Jenkins, poet and friend, for his good sense and judgement.

CYNNWYS

CONTENTS

TRANSLATORS' COMMENTS

GILLIAN CLARKE:

In a way poetry cannot be translated. Meaning and imagery are so perfectly contained by language, by the right words in the right order, that I feel nothing but a sense of loss crossing the bridge to the other country. Either way poetry suffers a sea-change.

Welsh belongs to a completely different family of languages from English, yet they share ground, blood and history. Their words rarely have a common root, syntax order is different and the two languages demonstrate two ways of seeing the world. Translation should not be linguistic or academic work but an act of poem-making. Each word is an old moon with the new moon in its arms. A poet-translator must make a new poem in the shell of another, holding the poet's pen, thinking her thoughts. Where a cadence, a moment of *cynghanedd* – Welsh consonantal patterns – or a many-shaded meaning is lost here, I have tried to capture an equivalent in English there. I have tried to balance loss with gain.

Menna Elfyn's bold habit of making a universe of common things is a lesson in poetry I am grateful to learn and to feel its influence at work. Crossing the bridge of language in a nation with two tongues is to find the poet's honey-jar.

ELIN AP HYWEL:

Translation is by nature an act of cumulative definition, a search for a path through many meanings. This seems to me to be especially true in translating Menna Elfyn's work. Her use of language is so allusive, elliptical and multiple that her poems remind me of holograms. You see a different configuration of colours depending on the angle where the light strikes it.

So what is translating that dazzle of language like? The process reminds me a little of the pleated paper cones we'd put on our fingers when we were children. Each flap unfolded, each choice made, led on to others. You only knew what you'd missed if you'd written the little messages under the flaps yourself.

When I translate her work I feel like some cut-price Herod. I mourn for the still-born, barely-formed other meanings in a Welsh work which I have had to pin down to one thing or another. The only possible excuse for these small massacres is that Menna Elfyn's compassion, honesty and longing to engage with her subject seem to be to be constants in her work. She is like Jacob wrestling with the angel, and it's not some feathers-and-trumpets, sent-straight-from-Heaven angel but a cell angel, an angel very much of this world. The virtuosity of her language, like a pillar of light, refracts the many facets of the one desire to reach out and touch the reader or the listener. If I make some hard choices I might convey a little of that desire, that dazzle, in English.

JOSEPH CLANCY:

Translating poems is always and never the same. Each time one confronts the impossibility of achieving the Welsh emphasis within the quite different English syntax, the desperate searching for English words that will capture at least some of the associations of the Welsh. And each time there is the difference and the freshness of one particular poet's work, of each unique poem.

In translating Menna Elfyn I find it helpful that the person in the poems, the voice, comes into English readily – the lively intelligence, the intense response to ordinary as well as extraordinary experiences. Attractive, too, though anything but helpful, properly challenging for a poet-translator, is her constant attempt to find words for nuances of those experiences that seem almost inexpressible. Welsh words, of course, pushing the language at times to extremes that exceed the translator's grasp of either language.

Unusually among those contemporary poets I've translated, Menna Elfyn is much less concerned with the fidelity of particular words and phrases than with seeing achieved in English an effective poem that conveys the general sense and feeling of her Welsh original. Her suggestions on my first drafts of a translation often take more liberties with the poem than I would venture, and the final version is usually freer that most critics, I suspect, would approve. What Menna Elfyn is after in English as in Welsh is the best poem possible – and what fellow-poet as translator could find fault with that?

'I fear there are flaws in the sequence – and I did so much want them to be a tribute to such a great man' – MENNA ELFYN

TONY CONRAN:

... Any flaws there may be in your Gwyn Alf sequence are simply the overflow of your involvement in words and in life. Words and ideas and images churn, flash, spark off one another. Sometimes I think you are only just in control; they run almost out of your grasp. It is difficult to see where they are leading you, sometimes. But this sense of words and images struggling – and you struggling with them, or flowing with them, or letting them exist, and still being you saying things, feeling things in your own particular way – that is where the excitement of your poetry comes from.

If you get rid of the DIY DNA joke I'll never speak to you again!

CELL ANGEL

Dyn Eira

Mor syml yw'r sawl a godwn,
ei eni mewn orig. O'r bru gwyn
â dwylo brwd. Un solet,
a'i lygad uwch ysgwydd,
ef yw'n dyhead i'w ddal
yn ddiarfau,

a'i ddiffyg parhad.

Pelawdau o eira i ffwrdd,
ucheldiroedd a'i lethrau'n tynnu dyn
i weu simne o lwch glân,
yr eira'n benisel erlid –
pawennau'n dynesu at bydew –
am lechu. Am loches.

Uwchben, hofrenyddion digwsg
sy'n dwrdio'r ddaear a'i lliain,
nes daw'r nos hindrus
aeldremu'i guwch, uwch y lluwch;
                                        a'r wlad

mor gegoer lonydd. Yna, dieithrio'r oriau
a wna. Rhifo'n rheibus y felltith
a'i blitha'n bla. Yna, daw'r achub,
cam dynion ar drywydd a'i faglodd,
a'i garlo uwch yr ollon
yn draed newydd atalnodus,
pob asgwrn a migwrn yn rhan o'r gredo.

Cyrraedd arall yw copa dynoliaeth,
y dyhead am glymiad. Am ildiad,
i ddoethineb arall. Yng nghysgod tafod lân,
daw'r eira yn rhwystr-iaith
er mwyn i ddynion ddod o hyd i allgaredd

sy'n uwch nag Everest,
yn isel megis crud.

12

Snowman

How simple the one we build
born in an hour. From a white embryo
with quick hands. Solid,
looking over his shoulder
he is the longing we keep
disarmed

without future.

Many snowballs away
are the high peaks that make a man
build a chimney from white dust
where low flying snow drives
paws to the lair. Cornered.

Above, the sleepless helicopters
scold the earth's linen
till hindering night comes
frowning over the drifts
                    and the land

so dumb with cold, so still. The hours
turn strange, counting the cruel curse
that pours down plague. Then rescue comes,
men's footprints on the path which tripped him
and they bear him above their own tracks
freshly punctuating the snow
each bone, each knuckle part of the faith

in human summits,
the yearning to connect. To concede
to experience. So the clean language of snow
is stumble-tongued
so men may carry generosity

higher then Everest,
low as a crib.

[GC]

Gwely Dwbwl

Ddealles i erioed unbennaeth y gwely dwbwl
nid lluosog mo'r aelodau'n cysgu. Ar wasgar

digymar ydynt, a'u ffiniau'n codi sofraniaeth –
disyfl dan ddwfe heb i wladfa dwy genedl

negydu rhandiroedd sy'n ffrwythlon. Clymbleidir
weithiau, a thro arall bydd blas wermwd ar dafod

wrth gael coes yn rhydd, neu lithro ar gulfor matras,
mor unplyg yw trwmgwsg, er nesed ei nwydau, dyheu

am ymbellhau a wnawn wedyn. Osgoi penelin ffoadur,
cnwch ysgwydd ar letraws. Gorgyffwrdd yw trafferth

Perthynas. Gadael dim ond lled gornel. Ac eto, yn dy absen,
a'r hunan bach mewn gwely, rhy fawr yw i un grynhoi

ei holl hunaniaeth. Lled ofni a wnaf ar obennydd –
na ddaw'r tresmaswr byth rhagor i'r plu aflonydd

a thry'r gwely heb dy gymalau yn wainbren
heb gyllell. A'm gadael yn breuddwydio

am y cnawd deheuig a'r anghenus ymlid –
yn anhrefn perffaith o dan y cwrlid.

14

Double Bed

I never understood the tyranny of the double bed.
Sleeping limbs are single, on the move

unpartnered, in territory held
staunch beneath the duvet, uncolonised by the nation-state's

pillage of fruitful land. Coalition
sometimes, other times wormwood on the tongue

struggling to free a leg or to slip the straits of the mattress.
How sound is the deepest sleep, though passion unites us, after

we keep our distance. Avoid the flying elbow,
the sharp shoulder-blade. Overlap is the hard part

of belonging. Left with nothing but a corner. Yet, you away,
my small self in bed, it's too big to gather

an identity. On my pillow I'm half afraid
the trespasser won't come back to the restless feathers

and the bed without your body is a wooden
scabbard. I'm left dreaming

of the articulate flesh, desire's needling,
the perfect disarray beneath the covers.

[GC]

Broits

(er cof am Stephanie Macleod)

Y mae lle i allanolion –
clustdlysau, ambell fwclis,
breichledau o feini bychain;

ac eto, o'r meddal fewnolion
y gweithiwn froits drwy fywyd –
yn dlws atgof ar ôl ein dyddiau,

'roedd dy froits di yn un llachar:
angerdd ar waelod y bachyn,
cadwen fach, rhag ei cholli.

Heddiw, eraill fydd yn ei gwisgo –
y tlws a grëwyd o fynwes euraid,
gan ddal llygaid yr haul – a'n dallu.

Brooch

(in memory of Stephanie Macleod)

They have their place, accessories:
earrings, the odd necklace,
gemstone bracelets...

and yet, it's from the soft inner depth
we work the brooch of our lives,
that jewelled keepsake set to outlast us.

Yours, it was a brooch ablaze –
the passion-crafted clasp,
the light chain to keep it safe;

others, now, will wear your brooch –
this jewel fashioned from a golden heart.
It will catch the sun. It will dazzle us.

[EAH]

Grawnwin Melys

(Durban)

'Treat this like home.'
Tŷnnodd ddyrnaid o rawnwin,
o liw cleisiau a'u claddu'n fyw
yn agen annirgel ei geg,
islaw dur mud roedd dryll
yn pendwmpian ar ei wasg,
a thu ôl iddo, farrau tew
yn cau pob cam ceiliog,
a Rottweiler yn ffroeni'n frwd,
ei ffordd at fannau nad oedd gartrefol.

'Ty diogel yw hwn,' meddai,
wrth ein hannog i blycio
fesul grêpsen ei groeso,
'Ni chafwyd yno,' meddai'i wraig,
'yr un adyn diwahoddiad erioed
ar wahân i'r lleidr yn y llwyni
a ddawnsiodd falé i fiwsig ei fwled.'

'Dyn moesol wyf,'
ei ymson ef drwy'r amser,
'Dw i ddim yn gwneud gwragedd na phlant.
ond dyn yw dyn i'w dynnu
i'w derfyn. Un annel
at y nod yn ddiatyniad,
Angola, Ariannin does unlle'n ddiannedd
gyda chylch bywyd fel y gadwyn fwyd.'

Tŷ saff yn y tes,
gan un a fytheiriai
yn erbyn pob bomio blanced,

mersenari trugarog,
yn estyn i'w westeion
grêps ac ynddynt gerrig mân,
yn fwledi i'w poeri allan at yr haul.

18

Sweet Grapes
(Durban)

'Treat it like home.'
He pulled a fist of grapes
the colour of bruises and buried them alive
in the open crater of his mouth
under the gun's dull steel,
nodding off where he sat,
and behind him thick bars
that would stop a cockerel in its tracks,
a Rottweiler eagerly sniffing
its way to unhomely places.

'This is a safe house,' he said
urging us to pluck
one by one his grapes of welcome.
'Not one,' said his wife,
'not one uninvited villain has been here
but the robber in the trees
dancing to the ballet of the bullets.'

'I'm a godfearing man,'
his perpetual monologue,
'I don't do women or children
but a man is a man to be cut down,
taken out. One shot
at the ugly target,
Angola, Argentina, there're all home to me.
Life's a circle like the food chain.'

Safe house in the sun,
and a man fuming
about blanket bombing

merciful mercenary
offering his guests
grapes full of small seeds,
bullets to spit at the sun.

[GC]

19

Cell Angel

Mae'r celloedd llwyd o bob tu iddo
yn ei ddal mewn esgyrn sy'n cuddio
am eiliad bwysau'r briwiau yno

ac eto onid dynol oedd yr angylion
ar dir Groeg a Phersia'n llonni dial
nid araf yn y Llyfr Mawr i ymrafael?

aeth ef â mi o'i gell, ef, angel, i'r neuadd fawr,
myfi, efe ac un piano grande,
allweddi'n aflonyddu wrth ddal fy llaw,

dan glo, dechreuodd ei gyngerdd i'r noddreg,
twinkle, twinkle, yn un donc ddyfal –
cyn methu'r esgyniad – at y llethrau duon.

Angel penffordd, heb bentan na mynegbyst
a'r nen wedi colli yn mherfedd y berdoneg
How I wonder what you are.

Daw'r seibiau a'r solo i ben. Allweddi'n cloi,
cau dwrn du y piano, yn grop. Disgordiau,
yn offeryn segur ar ei wyneb. Disgyniad

angel a'i angerdd i greu concerto
yn troi'n lled-fyw rhyw nodau o gryndod –
er byd mor ansoniarus. Canfod un tant persain.

*　*　*

Pes gallwn mi rown gwotâu ar angylion,
gwahardd sopranos, rhai seraphimaidd
o fan uchel eglwysig lle mae'r sêr yn seinio

eu pibau rhy rhwydd wrth euro'r corau,
yn fechgyn angylaidd, yn lleisiau gwydr mirain,
o'r marmor i'r eco. Rhy lân yw. Ni all duw fod yno,

Cell Angel

Grey cells either side of him
keep safe the bones that hide
for a second their weight of pain

yet weren't the angels mortal,
Greek and Persian soil joyous with vengeance,
the Bible quick with quarrels?

He led me from his cell, this angel, to the hall,
him and me and a grand piano,
the door-keys restless in my hand.

Locked, he began a concert for his patron –
twinkle, twinkle, then one violent tonc –
before failing to ascend the black slopes

an angel on the road, homeless, lost
and the sky drowned in the piano's depths.
How I wonder what you are.

The pause ends the solo. Keys locked sharp
in the black fist of the piano. Discord
an unplayed instrument in his face. Descending

angel and his passionate concerto
turn suddenly to notes reverberating
through this musicless place. To reach for one fine string.

*　*　*

I would give quotas on angels,
ban seraphic sopranos
from high-church places where stars play

their easy flutes in gilded choirs
of angelic boys, their voices clean as glass
between the marble and the echoes. God's no more there

yn fwy nag yma, yng nghell yr angel,
lle mae cordiau heb ddesgant,
eto rwyf ar fy nhraed o glai yn cymeradwyo

encôr, i ddyhead un cell angel
fel y gall ehedeg yn ansylweddol
drwy furiau, heb gysgod, yn ysgafn,

adeiniog at gôr dwyfol y Gadeirlan –
Ond tu hwnt i'r drws mae criw yn paffio
chwerthin yn y cnewyllyn talcen gwydr,

Ac i bob Mihangel, Gabriel, Raphael,
mae cell sy'n eu cadw yn angylion cwymp,
a thry'r meidrolyn sy'n dal yr allwedd
yn ddim ond alaw cariad. Yn dduw heb agoriad.

than here, in the angel cell
where chords ring without descant
where I rise to my feet of clay to applaud.

Encore to the dream of a cell angel
that he might fly bodiless
through walls, without shadow, light

winged to the great cathedral.
But behind this door the boy-gangs box
laughing through a chink in the brow of glass.

And for every Michael, Gabriel, Raphael,
there's a cell to keep him fallen
and the keeper of the keys
is only a love song. A god without power to unlock.

[GC]

Salm I'r Gofod Bach Yn Y Drws

Lygad Gaia wyt ti, weithiau
yn wincio'n gellweirus arna i
am ddal at fy muriau.
Llygad geneth droseddol
wrth daflu cip ar daith lawr y bloc
yn llanw'r llygad latsh â phenchwibandod,
Llygad dan sbectol ambell dro
yn adrodd yn ddeallus
wrth un â'i threm mor halog,
Llygad, a'i channwyll yn llosgi
yn nüwch fy unigedd,
yn golchi pob blinder â thrwmgwsg,
Llygad follt hefyd sy'n ysgwyd
fy syllfyd a'm dyrchafu ar ben mynyddoedd,
yn weddaidd wylio traed y rhain fu yno,
lle mae allweddau Mair ynghudd,
a'i dagrau wedi eu diferu ar ei mantell,

Lygatddu Gaia,
Namaskara, cyfarchaf y dwyfol ynot
sy'n creu o'm craidd ddrws agored.

Psalm to the Little Gap in the Cell Door

You're Gaia's eye, sometimes,
winking mischief at me
for keeping to my walls.
You're the eye of the girl prisoner
who peeps in on her way down the block
filling the spy-hole with her couldn't-care-less.
Now and then a bespectacled eye
reciting wise words
to one with an impure gaze.
The eye of the candleflame
in the darkness of solitude
washing my weariness with deep sleep.
The disappearing eye that shakes
my staring world and raises my eyes to the hills,
watching the feet of those who trod there before
where Mary's keys are hidden
and tears are shed on cowslip and lady's mantle.

Dark-eyed Gaia,
Namaskara, I greet the divine in you
which out of my being makes an open door.

[GC]

Blodau Gwylltion

Tu ôl i'r barrau, bu'r barnwyr lleyg
yn cynnal llys. O'u blaen, y llestr
gwannaf un. Yn ffluro llys yr ychen.
Ond thâl hi ddim rhyfygu. Gwelant
mai di-enw flodyn wyf ymysg y crinllys,
yn ffugio codwarth diarth, a'r elinog
yn dringo ataf. Gwyra'r clychlys arnaf
a gweld na fum ynghrog. Ni'm cythrwyd
o lwyn. Theimlais i na llafn llaw dyn
ar wegil. Clawdd llonydd a ges.

Daw'r ddedfryd yn unfryd o sydyn. Nid dewr
ond dwl wyf. A dall. Yn fenyw a fyn na glöyn
byw ar ei gwarthaf. Pa eneth a gollai sadyrnau
siawns ei neithdar a phleserau'r gwrych. Pitïant

Sepalau mor sobr. Hwy o lys eu cryman.
Di nodwydd fraich wyf. Heb fwgyn i gynnal poen.
na gefynnau ar arlais. Cesail o gysgod a ges ymhlith
petalau a brofodd wayw corwynt a chraith.

Daeth awr i dystiolaethu,
sgriffian graffiti ar *tabula rasa* wal,
tri pabi hirgoes ynghanol meysydd paradwys –
dacw'r un rhudd mewn parêd yn dathlu'r lladd
er bod y gweirgloddiau yn dal i dditeru;
a dyma'r un gwyn a wisgai yn asgwrn tangnefedd
bob tachwedd i herio holl adnodau'r gad;
a dacw hi, myfi, y pabi Cymreig sy'n cuddio
ei bochau gan ddiffyg dewrder ei chlefyd melyn.

Aeth y barnwyr allan, yn gwenu ar y pabi tawel,
ar frig ei dicter, at dusw crud yr awel.

Wild Flowers

Behind bars, the lay judges hold court. Before them,
I flower as bravely as campion, although
I'm truly the weakest of vessels.
But I can't pretend. They can see,
although I look like nightshade
I am the most shrinking violet.
The bittersweet climbs toward me. A harebell leans over me
and knows that I never was torn, never plucked from the hedge.
I never felt man's hand like a blade at the back of my neck.
I've dwelt among untrodden ways.

They give judgement swiftly, together. I am
not brave, but stupid. And blind. A woman who'd be scared
if a butterfly followed her. What sort of girl would forgo
the random, nectarish Saturdays of youth,
the pleasures of the hedge? They pity

my sober sepals, these scarlet pimpernels.
My arms bear no needle-scars. I suck no stub to ward off pain.
I am unmanacled. I've had a shady hollow
among petals which have seen hurricanes and cruel reapings.

The time has come to testify –
to graffiti, on the *tabula rasa* of the wall,
three long-stemmed poppies in paradise –
here's the red poppy on parade, triumphing death
though the meadows still run with the stain of blood,
here's the white one I wear as a bone of peace
each November, defying war's pieties;
and here am I, the Welsh poppy, head bent –
our spinelessness a yellow fever.

The judges left, smiling at a humble poppy
on the crest of her anger. A stalk bending in the wind.

[EAH]

Drws Nesa

a thrwy farrau'r nos bûm yn wystl
i Atlantic 252. Yn meddylu am Iwerydd
lle cawn gyfle i gwffio â'i thonnau
ond tonfedd cariad sydd yma.
onid y rhain a ddeall ei orlif
onid y rhain a ddeall ei drai
ar ddistyll y don.

eto, hi a gân y gytgan yn drahaus o drachefn
nid parodi mohoni – rhwng parwydydd
clywaf ei llais yn llawn paratoadau
am nwydau sy'n dinoethi'r nodau,
noethlymuna nes gadael cryd arnaf.

ysaf am droi wedyn ati,
yn ddynes drws nesa flin sy'n swnian
am fod dail ei sycamorwydden yn disgyn dros glawdd
gan arthio am ei diffyg parch.
Ond beth yw parch yma ond dyn
a ddaw ar y Sul i estyn salm.
Pa ots felly mai aflafar yw'r llais.
Perthyn ydym oll i'r unsain.

Ac felly, er mor ansoniarus yw'r gân,
godinebaf â hi wrth ysu, drysu am unawdydd
a fedr ganu ar gnawd. A dioddef ei felan
a'i blws. Glasach yw ei gadael,
geneth ar goll yn y gwyll

a hymian gyda hi allan o diwn,
yng nghadwyni ei halawon main.

Next Door

and through the bars of night I'm hostage
to Atlantic 252. I could do battle
with Atlantic waves
but these are love's waves
who alone know the flood
who alone know the ebb
at the wave's crest.

Still she sings the refrain over and over
and it's no joke – through thin walls
her voice brims with the prelude
to desire that undresses notes
so naked that I too am shivering.

Now I long to face her,
a woman next door droning on
about her sycamore leaves falling my side of the fence,
how nothing's sacred these days.
What is sacred here but the preacher
offering a psalm on Sunday?
We yearn to belong to the song.
So what if she's out of tune.

So, though her song is harsh,
with her I burn adulterously for the soloist
who plays our blood. I hurt for him,
suffer his blues. Bittersweet to let her be,
a girl lost in the dark,

and hum along out of tune
in the chains of her shrill songs.

[GC]

Cwfaint

Mae cwfaint a charchar yn un. Lleian mewn lloc
a morynion gwynion dros dro'n magu dwylo,
eu didoli nis gallwn. Diystyr cyfri bysedd mewn byd

mor ddiamser. Fe ŵyr un beth yw trybini y llall,
bu yn ei bydew yn ymrafael â'r llygod ffyrnig,
dioddefaint yn sail i'w dyddiau.

mae cariad ar oledd y mur. Croes rhwng troseddwyr
a gafodd. Cell rhyngddynt a'u manion croesau,
yn llawn seibiannau mawr. Pa Dad

a'i adawodd mewn lle mor anial, llygad ychen drws
ei unig wrthdrawiad? A holodd hwy am fechnïaeth –
am brynu amser? Galw arno am drugaredd?

Lleianod cadwedig ydym yma. Wedi'r swpera
awn yn ôl i fyd ein myfyr. Yr un a wna rai'n sypynnau
heb gnawd. Yma, ni yw'r ysbrydol anwirfoddol,

yn dal y groes a'r troseddwyr rhwng ein gobennydd,
yn gyndyn mewn aberth, yn dyheu am adenydd.

Nunnery

All one, a nunnery and a prison. The nun in her cell
and those temporary virgins wrapped in their own arms.
You can't tell them apart. No use counting your fingers in a world

so timeless. Each knows the other's sorrow,
has been in the pit fighting the rats,
grief the ground of her days,

love askew on the wall, a cross between two thieves,
only a cell between them and their petty hurt,
their deep occasional sighs. What kind of Father

abandoned him in such a godforsaken place, the ox-eyed door
the only quickening. Did he ask about bail,
about buying time, cry out for mercy?

We are anchorites. After supper
we turn to contemplation. We make fleshless
bundles. Like it or not we're spiritual

bearing our little crosses under our pillows,
stubborn in sacrifice, waiting for wings.

[GC]

Rhif 257863 H.M.P.

Na chydymdeimlwch â mi,
nid Pasternak mohonof
na Mandelstam ychwaith,
gallwn dalu fy ffordd o'r ddalfa,
teirawr a byddwn yn y tŷ.

Gwesty rhad ac am ddim yw hwn,
ond lle cyfoethog,
ymysg holl ddyfrliwiau teimlad,
barrau yw bara a chaws bardd.

Diolch frenhines, am y stamp ar sebon,
am uwd, yn ei bryd. Am dywelion anhreuliedig,
'rwyf yma dros achos
ond des o hyd i achosion newydd.

No.257863 H.M.P.

Don't pity me,
I'm no Pasternak
nor Mandelstam,
I could buy my way out of here,
three hours and I'd be home.

It's a cheap hotel,
but a rich place,
amongst the watercolours of feeling,
bars are a poet's bread and cheese.

Thank you Queen, for the stamp on my soap,
for porridge, on time. For threadbare towels,
I'm here for a cause
but found new causes.

[GC]

Siesta

(ym Mecsico)

Mae'r pwnio'n dilyn patrwm
ar wal, ryw hir waldio,
'lle od i chwarae sboncio,'
meddai fy mab. Ni chlywais mo'r 's'.

Llyfelu'r trai, codi'n draserch
a chyson gri curiadau
yn taflunio'n gawod lathraidd
cyn bwrw ias o ecstasi.

Pwy enillodd? Cwestiwn drachefn,
heb guro drws i dystio
does ateb a rydd ddihareb
sydyn. Tebyg at ei debyg tybed?

Eto, yn acen y cnawd disgynedig
fe'm gedy'n croeni angen,
yn reddfus losgi. Yn ysu wir
am ddathlu yn fethlgnawdol,

A tharo alaw wefusgar
anadlu a charu a churo
y gêm, sy'n hŷn na 'human'.

human: hen air am chwarae tenis.

Siesta

(in Mexico)

The thumping is following a pattern
on the wall, a long thrashing beat.
'An odd place to sbonk,'
says my son. I don't hear the 's'.

Ebb levels out. Lovetide's in flood
and the raw regularity of pulse
film-projects a bright shower
before the shiver of ecstasy strikes.

Who won? Asking it again
suddenly pops a proverb –
'If nobody knocked at the door to tell it
there'd be no answer to tell.' A draw, I wonder...

Yet, underneath, the accents of flesh
skin me alive with need,
all my instincts on fire. Truly I crave
to celebrate tangled flesh,

and my lips to sing out its tune,
and breathe, and make love, and collide
in the game that is older than 'human'.

[TC]

sboncio: to jump or bounce.
human: an old Welsh word for tennis.

Yn eu Cil

A bydd y lleiafrifoedd gyda ni o hyd,
yn llesg a bloesg.
'Does dim bŷd yma,' meddai'r rhai
oedd yn fy nhywys yno,
ond myned a wnaethom
ar war llwyth,
chwilio edau gyfrodedd,
eu carthenni braith.

Ar un olwg doedd neb adre –
hen wreigan yn ei chwman,
acen grom o fenyw,
yn drwgdybio dieithriaid.

Dim ond llwyth ar fryn,
llond llaw o genedl;
ei hewinedd wedi eu torri
yn cau llaw yn dynn
– plant yn cadw pellter.

Yna'n ddirybudd,
agorwyd drws,
crochan ynghanol llawr,
tân yn mygu,
a hithau'n magu.

Cyn gadael –
daeth ataf â Beibl yn iaith Lat,
dechrau darllen hanes yr Iesu
a'i rieni'n ffoi.

Math o ffoi a wnawn wrth gwrdd â ffydd,
ffoaduriaid â'u ffawd
ar drugaredd tir diffaith;
ei gadael, doler yn ei dwylo,
a phris ei llafaredd
ar dafod cyfieithydd yn troi'n boer.

On the Brink

And the minorities will always be with us,
faint and tongue-tied.
'There's nothing here,' said the people
who were taking me there,
but we went all the same,
on the trail of a tribe,
searching for the thread
interweaving their brindled quilts.

At first sight, there was nobody home –
an old woman, bent over,
a circumflex of a woman –
suspicious of strangers,

only a tribe on a hill
a handful of a nation,
its nails clipped,
closing a hand tightly
– the children keeping their distance –

and then, suddenly,
a door opened –
a cauldron in the middle of the floor,
fire crackling,
arms cradling.

Before I left
she brought me a Bible in the Lat tongue,
began to read the story of Jesus
and his parents fleeing.

Our meeting with faith leads to a fleeing,
our fate is the refugee's –
thrown on the mercy of stony ground –
I left her, a dollar in her hand
the price of her eloquence
turning to spittle on the interpreter's tongue.

[EAH]

Coed Newydd

Wedi disgyn yma
fe ddwedon nhw
fe ddaw'r wlad 'ma i'w choed.
Yna, plygu wnaethon nhw
cyn plannu ar draws gwlad
drefedigaethau cytras, cytun,
y tamarind a'r eucalyptus,
yn codi'n ddrychau fel y gwelent
drwy'u dail ogoneddau Ffrainc.

Y coed oedd cof eu cenedl,
yn anadlu einioes hanes,
'hi hen, eleni ganed'.

All un goeden byth ag eilio mynydd
ond gall pedair edrych fel bryn.

Ac America a ddaeth dros y mynydd
hawlio'r awyr, a'r cymylau
troi fforestydd yn ffwrneisi,
rhoi meicroffon o dan fôn,
trosleisio talent yn drais.

Heddiw, sgrap a shrapnel sy'n sownd,
dannedd dur yn y pren yn pydru,
ac yn Ho Chi Minh mae gwagle
lle bu'r tamarind yn tystio'r llysgenhadaeth.

Ei llifo wnaed, i roi llwyfan
i hofrennydd ffugio ei bod yn hyf.

Heddiw, daw plant i blannu coed
a bydd rhuglo ar y rhisgl,
yn flynyddol ddiflino eu gwaith,
cymryd gwreiddiau o ddwylo'r coloneiddwyr
a'u cymell yn ôl i'r pridd – nid cyn pryd.

A ddaw'r wennol yn ôl i'w nyth?
A ddaw'r teigrod eilwaith at hen dylwyth?

New Growth

Having landed here, they said
this country will grow up now.
Then, they bent down
and planted, all over the land,
cognate, contented colonies
of tamarind and eucalyptus,
rising up like mirrors, as they saw
through their leaves the glories of France.

The trees were the memory of their country
breathing the soul of history,
born at dawn, old by dusk.

One tree can never best a mountain
but four trees may look like a hill.

And America came over the mountain,
laid claim to the sky and the clouds,
turned forests into furnaces
bugged the boles of the trees,
overdubbed violence where there'd been voices.

Today, there are scrap and shrapnel stuck
in the trunks, steel tooth-stumps rotting
and in Ho Chi Minh there's an empty space
where the tamarind bore witness to the embassy.

Felled, to give a helicopter
a stage on which to ape bravery.

Today, children come to plant trees
and the bark will be scraped away.
Their work, tireless, from year to year –
to take the roots from the colonists' hands
and coax them back to the soil. It's time.

Will the swallow return to her nest?
Will the tigers return to their ancient tribe?

Dyma wlad a ddaeth at ei choed
ei hun. Gan wybod am y coed
tu hwnt i bren, yn gyhyrau
ar ganghennau iach.

A'r sawl a blanna coed y berllan
a fydd hefyd yn blasu ffrwyth y pren.

Here's a country which came out of the woods
herself. She knows about the wood that's beyond
mere timber, sinews
on healthy branches.

She who plants orchard trees
will taste of their fruit.

[EAH]

Codi Llen – Moscitos

Ddieithryn bach, pa godi llen mewn man estron
sy'n weddus i feidrolyn ofnus
o bob penblethu poenus? A ddeëlli di, amheuon,

cri'r eiliad yn chwys yr hirnos? Ai ti yw'r heriol
sy'n haerllug am brintio mor noeth-dlws
ar wasg y diör cyson? Yng nghlust y suo siriol

rhy dyner wyf i, is yr amdo
i'r dynwared am yr uno sy'n llesmeiriol
adenydd diafol, gwedd lân angelito

am ysu cnawd cynnes. Cymell wna'r ildiad oesol
rhwng llesgedd a llosgi. Dy gosi di-gwsg yn trwsglo
o dan fwslin rhyw fysedd sy'n orchfygol.

Ddieithryn annwyl, mor fflamddwyn dy groeso dyfal
am ddethol, hyd at ddathlu. Hyn yw gyrfa
dynolryw. Lled wrthod. Ymollwng i'r unnos ddihafal.

Lifting a Veil

(to a mosquito)

Little stranger, the lifting of a veil in foreign parts,
is this proper for a mortal fearful
of every troublesome quandary? Do you understand the doubts

that fill the moment's outcry in night's sweat heap? Are you
the chancer bold to impress a kiss
on the resistant waist? In the ear, soft sussuration.

I am too tender, under mist, beneath this shroud,
to mimic love's swoon of union,
devil's wings, fair face, angelito

craving warm flesh. It incites the perpetual yielding
between langour and burning. Your sleepless tickling
bumbles under muslin, vulnerable fingers.

Dear stranger, so flaming your persistent welcome,
was it fated? will there be celebration? Is this humanity's
way? Half-refusing. Grateful for an endless night?

[JC]

Moscitos – Masocistiaid

A thrwy'r dwyrain pell, bum yn byw talu
gyda moscitos. Yn mysgu'n ddu a gwyn
lywethau'r awyr penysgafn gyda'u drysu;
pigent bobl o'u serenedd, blasu eu bwyd
heb ddweud gras, boddi mewn diodydd,
gyrru rhai at dabledi. Gwyn. Sur.
rhoi arswyd yn glefyd fenthyg,
tywyllach na'r melyn a'r malaria
dŵr ar ymennydd neu ôl saethau'r nodwydd.

Ond gwn fod iddynt hwy freuddwydion
pan gant gyfle i ymgynnull. Ymrithiant,
gan frwyno'r awyr, yn un genedl
ar fin mudo. A chânt urddas, penuchel
o olwg dirmyg byd. Yn lle dinasyddiaeth
eilradd, ar drugaredd heddgeidwaid chwistrellwyr,
mae iddynt dangnefedd, diddedfryd. Brawdoliaeth
ar frig fforestydd glaw. Henaduriaid mygedol
oeddynt unwaith. Heddiw ar herw llygad elw,
Hwy yw'r merthyron di-lais,
A'u cronglwyd? Llorion ynghrog.

Diau y daw eu dydd. Gyda phader,
wrth gofio dyddiau gwell yn llechu
dan wadn troed eliffant, fe drigai
cant. Traean cad Catraeth mewn cyfannedd

yn glyd eu goroesiad. Daw eu dydd;
dydd y gwryw cariadus a'i gymar,
hyhi, ddialgar – caiff aros uwchlaw'r ddaear –
yn disgwyl eu tro; yn cynnal breuddwydion
gwib. Eu parasiwtio at wres paradwys.

Mosquitos – Masochists

Throughout the far east, I shared bed and board
with mosquitos. Undoing, black and white,
the plaits of the giddy air with their perplexing;
they'd prick people out of their tranquility, taste their food
without saying grace, drown in drinks.
Drove some to take tablets. White. Sour.
Inflicted dread, surrogate disease,
darker than the jaundice and malaria,
water on the brain or the track of the needle's jabs.

But I know that they have dreams
when they get a chance to forgather. They take shape,
turning the air to reeds, as a single nation
poised to emigrate. And they have a lofty dignity,
out of sight of the world's contempt. Instead of second-class
citizenship, at the mercy of sprayer policemen,
peace is theirs, unsentenced. Brotherhood,
on the boughs of the rainforests. They were once
honourable elders. Outlawed today in the eyes of profit
they are the voiceless martyrs.
And their roof-beams? Sagging branches.

Their day no doubt will come. With prayer,
while remembering better days in hiding.
Under the sole of an elephant's foot, a hundred
housed. A third of Catraeth's troop in residence,
snugly surviving. Their day will come,
the day of the affectionate male, though his mate's
so vindictive. They will stay above the earth,
awaiting their turn. Sustaining flitting
dreams. Parachuted to their paradise.

[JC]

Bron a Boddi

Yn blentyn, ofnwn y dyfnfor,
dylyfu gên y don fel pe'n disgwyl
cyffro rhyw ddigwyddiad
matru'r heli o dan fwa'r haul,

Fe awn,
fel aelod o'r Gobeithlu,
dynesu ato'n dyner wisgi
'Arglwydd Iesu dysg im nofio
yn y byd fel yn y bae.'

Ond llaw mam oedd y lluman,
ym mein gefn y traeth, yn fy nwrdio
rhag mynd mas o 'nyfnder,
yr hanner saliwt dros ael
a wnai imi wybod nad oedd gofod
rhag gorofalwch ei chariad.

Cofio 'nhad hefyd yn ei dysgu
sut oedd marchogaeth y don,
ei law o dan ei gên yn ei harwain,
nes diflannu'n sydyn,
a'i gadael i fwldagu,
rihyrsal boddi ar y traeth yng Ngŵyr,
ninnau'n hael ein chwerthin am nad oedd y môr
yn ddigon cryf i'w chadw i fyny.

Ond hwyr brynhawn ydoedd
a minnau ymhell o gannwyll llygad cartre –
mewn môr a enwyd yn Dawel for,
ymlacio ar war y tonnau
gyda'i weniaith yn pellebru uwch y glas,
wrth im arnofio mor eofn,
symud at aeddfedrwydd y cefnfor,
hŷn na hanes yn gydymaith.

Nearly Drowning

As a child, I feared the deep,
the yawning of the waves, as though awaiting
the excitement of 'something happening',
flinging the brine beneath the bow of the sun.

I would go
like a member of the Band of Hope,
approach it softly, on guard:
'Lord Jesus, teach me to swim
in the world as in the bay.'

But my mother's hand was the flag
at the back of the beach, scolding me
not to go out of my depth.
The half salute over the brow
made me know there was no space
clear of her love's exceeding care.

I remember, too, my father teaching her
how to ride the wave,
his hand underneath her chin, guiding,
before his shocking disappearance
left her spluttering,
a rehearsal for drowning, on a beach in Gower,
with hearty laughter because the sea
wasn't strong enough to hold her up!

But it was late afternoon,
and I was far from home
in a sea called Pacific:
relaxing on the nape of the waves,
the blue of the current cajoling
as I floated in the fearless
maturity of middle age, the ocean,
older than history, a comrade.

Yna'n sydyn, wrth im droi cefn
araf ddynesu at wefus y lan
dyma lam a dwy law sydyn
yn fy nhynnu i lawr yn y llif,
ffroenwn angau odano
yn gyffion amdanaf,
sen ar fy asennau
na allwn yn wir ddygymod â'i wawd.

Yna am eiliad, dyma lwyddo,
hanner codi nes i don arall
waldio'r llall a'm chwipio o le i le:
y Pasiffig yn ffusto yn ffrochwyllt
yn erbyn glas arall nen.

Ond rhywfodd, rywsut, dyma deimlo'r swnd
gydag un garanfys gan wthio'i gefn crwca
oddi arnaf, a'i daflu'n ei gynddaredd –
a chael fy hun ar lan, yn gyfan, yn syfrdan,
yn anadlu, yn eiddo ar ysgyfaint,
blas byw ar fin fel y bwi ar grysbais y môr.

Y tro hwn, o'm cwmpas
nid oedd yno law geryddgar,
na wyneb pryder, dim ond parti tawel:
dieithriaid yn yfed tequila yn yr haul.

Unwaith y mawr hyderaf
y daw'r hendro wysg fy nghefn, a'r eiliad ansicr
bron â boddi
a'i wagle ar wegil
a'r sicrwydd sydyn ond sad –

Bod i natur ei dymer ei hun,
ac na allwn fel rhai meidrol
ond derbyn ei fedredd –
mor ddilef yw'r anghynefin,
brau fel broc môr,
yn nannedd tempo'r don,
pan awn allan o'n dyfnder
yng nghanol cefnfor bywyd.

Then suddenly, as I turned my back,
making of my own accord towards the shore-line,
a sudden leap, and two hard white hands
pinning me down in the flood:
I scented death beneath it,
the smell of the brine shackles,
I could not come to grips with
the elements taunting my ribs.

Then, for a second, success,
half rising, before another wave
mimicked the first and whipped me from place to place,
the Pacific frothing and fuming
against the blue of the heavens.

But somehow, some way, I'm touching the sand
with a single index finger, pushing the ocean
off me, the loathsome lunge, far off,
and I see myself on shore, bewildered,
breathing, possessed of lungs,
the taste of life on my lip, like a buoy on the rim of the sea.

This time, in my surroundings,
there was no scolding finger,
no anxious face, only a private party
of strangers drinking tequila in the sunshine.

Only once, I devoutly hope,
will it come from behind, the unsure moment
of nearly drowning,
with its void,
the sudden but certain proof

that nature has a temperament of its own
which mortals can only accept,
and how voiceless is the unfamiliar,
fragile as flotsam
in the tempo of the tide,
when we go out of our depth
in the middle of life's ocean.

[JC]

Pomgranadau

Bob hydref deuent at bomgranadau
a'u rhannu rhyngddynt, yn ddarnau,
mwynhau eu llygaid gwangoch
a'u celloedd yn llawn cellwair
a'r byd o'u cwmpas, yn gwirioni
derbyn aelodau'n arllwys eu llifeiriant,
cynulliad, addewidion llawn
oeddynt, ar wahân, cyn eu rhyddhau, o'u conglau.

Un dydd, cawsant gerydd
am eu bwyta mor gyhoeddus,
'ffrwyth i'w rannu yn y dirgel yw,'
meddai'r surbwch wrth eu gwylio;
gruddiau ffrwythau'n gwrido
nes torri'n wawch o chwerthin mewn dwrn.

Un hydref, ag ef wrth ei hunan
rhythodd ar y ffrwythau
fu'n serchus hyd at benrhyddid,
celloedd arall a welodd, coch ei lygaid,
collodd awydd eu torri â chyllell ei hiraeth.

Meddyliodd am y cynrhon a'u cynllwyn.

Safodd yno'n syn
ac yn lle delwedd
ar lun angerdd
gwelodd –

gryndod a'i henw'n grenêd.

Pomegranates

In autumn, always pomegranates
to break between them, portions
relished for their rose-red eyes,
cells flowing with foolery
in a world infatuated.
They take each flood-drenched limb
brimful of promises,
prise each seed from its corner.

One day they were told off
for feasting so openly,
'They should do it in private,'
scowled someone sourly at the sight
of fruit's flushed cheeks bursting
to screams of laughter in their fists.

Then one autumn alone
he stared at the fruit
that had been such easy love,
saw other cells, the red of their eyes,
lost all his taste to slice them
with need's knife.

He thought of the conspiracy of the maggot,

stood dazed,
and where had been
the symbol of desire
he saw –

a quivering grenade.

[GC]

Ambr

(i Tony Conran)

O bob maen, nid oes namyn ambr
a dwria awch yr awen ddi-aer,
dynesaf ati, yr ystor coeth
arbed ei chythru'n farus, yn ôl arfer aur
diolch am ei dal a'i dathlu'n lliw a berthyn
yn ddieithr i gynfyd dan dalpfyd tlawd.

Adnabod hon, annarogan yw, yn sawru athrylith
sy'n amgau profiad, a'r pry, mor oesol fân
wrth ystwyrian, gyda sglein i wehelyth nos
yr enaid, a'u gwefrau'n ffaglu ffydd,
yr egni dirgel agored er aflonydd
cyn cloi yn gyffion cain dros arddwrn frau.

Glain yw hon, heb olion bysedd,
ond codiad haul yn crynhoi,
yn wasgfa o orfoledd.

Amber

(for Tony Conran)

Out of rock, nothing but amber,
the trapped and airless gift delved out of need.
I come to it, that refined store,
relished like gold as it has always been
for its price, its colour that belongs strangely
to the cold stone of prehistory.

To know it, that shocking gasp of light,
is to catch the breath. And the fly, so small, perpetual,
frets burnished in that long night
of the soul. Amber that fires faith
in secret work, restlessly opening
before the bright chains lock round brittle bone.

Gem without fingerprint,
its glowing sunrise
is a pang of joy.

[GC]

Cyfrinachau

'No slave lasted long. Sooner or later their lungs burst:
a stream of blood rose to the surface instead of the diver.'

− EDUARDO GALEANO

yn y dwfn, dirgelwch seiniau a gân
wrth ddwyso'r eigion, ffromi'r Tawelfor
cyfrinach goch dan gaead wystrys lân.

un p'nawn, yn geg-rwth rhyw donnau mân
cyn disgwyl cyffro, wrth i'r haul ymlâdd
yn y dwfn, dirgelwch seiniau a gân.

mewn gwaneg, dwy law megis tafliad sân,
a'm trosi'n donnau lle ffroenwn angau'n ffraeth,
cyfrinach goch dan gaead wystrys lân.

a'r heli'n hawlio'r prae, ei feingefn a'u gwân
gan ffaglu'r meidrol i'r cloeon dan fôr,
yn y dwfn, dirgelwch seiniau a gân.

sawl perl a gollwyd i'r lli'n groes i'r grân
sawl alaw gollodd anal, i'r du ei lais?
yn y dwfn, dirgelwch seiniau a gân
cyfrinach goch dan gaead wystrys lân.

Secrets

in the deep, a mystery of sounds will sing
as the ocean compresses, the Pacific rages,
a red secret beneath the pure oyster lid.

one afternoon, some ripples were gaping,
awaiting a stir, as the sun wore out –
in the deep, a mystery of sounds will sing.

in a swell, two hands like an outflung net,
and I'm tossed in waves where I scented death,
a red secret beneath the pure oyster lid.

when the brine claims the prey, the small of its back
will stab them, snaring mortals in undersea locks –
in the deep, a mystery of sounds will sing.

how many pearls have been lost to the flood, against the grain,
how many tunes lost their breath to that black voice:
in the deep, a mystery of sounds will sing
a red secret beneath the pure oyster lid.

[JC]

I Diwinyddiaeth Gwallt

Deuthum ger dy fron â phlethiadau syml
yn forwyn goeslaes, yn Fair na faliai
bod eu cadwynau'n glymau dan rubanau.
Un oedd fy nghorun, â'r gwallt a lithrai

dros sedd galed cysegr, yn ffrwst rhaeadrau,
a'u diferion yn tasgu wrth droi a disgyn
dros lintel dal cymun, ac yswn am ei deimlo
a'i blethu'n gywrain, llanw'r awr wrth estyn,

at ryfeddod genethig. Yn hafau o gyfrwyau
a garlamai ar fy ôl wrth gipio fy anadl,
rhedeg hyd y gelltydd a'r gwylliaid o walltfeydd
yn herwa dros fochau nes troi'n destun dadl,

minnau'n ffoli ar ei egni. Eurwallt y forwyn
yn llithrig ysgathru 'nghnawd, a'i flys ar ryddid,
a weithiau trown yn ufudd mewn dull breninesgar
gan blannu dros glust, hanner llygad gwyddfid.

Pa aflwydd a ddaeth iddo? Hyd heddiw – tresi penrhydd
yw cyffro brwd ieuenctid nes plyga'n lled amharchus,
ai'r fforestydd dirgel ynddo oedd achos mawr y drysu
gan awdurdodol rai a'i drodd yn drwch anweddus?

Ac eto, Ysbryd Glan, oni roddaist in ei ddathlu:
y pennad gwallt. Yn gorun llawn. Yn dlysni,
i'w drin yn ddethol. Yn grychiog gnwd gusanau
pa anfoes oedd – dychymygion am gefnoethni

dros groen? Troi rhai ar dân? Ai atalnwyd llawn
i'w docio'n grop? Llyffethair ar lywethau
rhag disgyn ar fron. Rhag codi angerdd a'i hagor
gwalltdrylliad fu. Cael ynys neb ei gwefrau.

1 *The Theology of Hair*

I came before you with simple plaits,
a long-legged maid, a lass who couldn't care less
that her sheaves were all bound up with ribbons,
for wasn't the hair on my head like the hair which foamed

over the hard pew-back with a rustle like rivers,
drops shivering as it arced and fell
over the communion shelf, and I ached to touch it,
to twine it in patterns, to fill up that hour by reaching out to
    a girlish wonder.

It made me think of summers full of imaginary ponies
galloping after me, taking my breath away
as I cantered over hills, and the banditti-like bangs
outlawed their way over my cheeks. There were arguments,

but I loved my hair's energy. Golden moss
like maidenhair stroked my skin, longing to escape
and sometimes, obediently, regally, I would tease
a kiss-curl like honeysuckle over one cheek.

Why that fate for it? To this day, youth loves
the life-force of hair, the way it kinks a little.
Was it the secret forests in it which fuddled the ones above?
They called it a dark thicket.

And yet, O Holy Spirit, didn't you give us the gift
of praising it, this headful of hair. This full crown, these tresses,
to be prettily dressed? What harm could there be
in this crinkly, kissable harvest? They imagined it

tumbling over naked backs, charging desire. But cropping –
a full stop to lust's sentence? Locks tied back from breasts.
To leash passion, there was a hair-wreck.
I washed up on a deserted and sensuous strand.

[EAH]

II *Coron Merch*

(i Maura Dooley)

Coron geneth oedd y llen ar ei chorun,
fe godai gwallt ei phen,
i weled ar led, ar war, baradwys ohono,
gwrthryfel styfnig yn y gwynt.

Amdanaf innau, pengrwn own,
ym myddin y pensythwyr,
y rhai a ymlafnent, yn hwyr y nos
a'i gosi gyda chlipiau, cris croesau,
nes tonni. Iro saim i'w lonni,
arteithio ambell hirnos,
ar obennydd o sglefrolion,
er mwyn deffro, i'r un cribad –
a'r ambell ewyn o gyrl
yn llipa lonydd grogi dros glust.

Mewn man arall, fy nghyfaill crinwalltog
yn smwddio ei thonnau drycinog,
yn taenu rhediadau dros wanegau llyfn,
a'r gwylltion, yn sownd dan bapur brown,
sawr rhuddo ei mwng yn cyrraedd ffroen,
a'r tonnau'n gerrynt, yn crimpio yn erbyn y lli,
gyda'r penflingad blin.

Dianwes yw hanesion gwallt:
ei hoen. A'i ddirboen. Nes y daw
ei berchennog i'w dderbyn,
talog dros ei heddwch
yn erbyn chwiorydd:
a'u hunig uchelgais tynnu gwynt o'u gwalltiau.

II *Crowning Glory*
(for Maura Dooley)

A headful of hair was a girl's crowning glory.
It made her hair stand on end
to see the paradise of it fan over her nape,
a stubborn standard waving on the wind.

As for me, I was a roundhead,
one of the new model army of hair-straighteners,
those who laboured, late at night
titivating it with criss-crossed clips
until it waved. Anointing it with mousse to perk it up,
torturing myself by night
on a pillow of rollers,
then waking to the combing-out
and a faint foam of curl
hanging limply over one ear.

Meanwhile, my curly-headed friend
was ironing her stormy tresses,
running steel over smooth sheets,
her wild tendrils safely trussed up in brown paper,
the scorch of her mane scenting her nostrils.
Her waves a strong current, she crimped on against the tide,
a cruel scalping.

The little histories of hair are untold:
its bounciness. The pain it brings,
until its owner comes to accept it,
this fringe between sisters.
Their only ambition is to trim our sails.

[EAH]

III *Problem Duwdod*

Oblegid fy nghoron, des i amau'r Gair
a gallu diwinyddwyr gwallt
i'w docio. Gyda raser a chyllell
fe ddarnion nhw fodrwyau o feidroldeb.
'Diadell o eifr ar fynydd Gilead.'
'Gwallt fel porffor sydd iddi'n fantell.'
'Canys os gwraig ni wisg am ei chorun,
cneifier hi hefyd, ac os brwnt yw iddi
y cam hynny, eillied hi.'
Aberth ar allor oedd ei chudynnau,
tynnu gwraig gerfydd ei gwallt a'i llusgo
i gorlan? Gan fugeiliaid? Oedden nhw'n benfoelion?

Mewn hunllefau ger dy allor
mi welwn wraig wedi ei blingo
yn cael ei boddi'n wrach;
coltar a phlu
pob blewyn wedi ei blycio,
merch arall sy'n estyn drosti
yn staeniau pŵl;
yna, try'n Esther sy'n gosod dom a llaid
yn lle peraroglau drud.

Iesu, beth ddwedi heddi
wrth y sawl tu ôl i lenni.
A oes lle i ni yn dy gysegr di?

Eiddig ydym am glywed y ddameg
lle gadewaist bechadur
i sychu dy draed â'i hirdrwch
heb i neb ei rhwystro –
Neb.

III *A God-Problem*

Because of my crown, I came to doubt the Word,
and the power of trichologians
to trim it.
They sheared long curls of mortality
with their razors and knives.
'A flock of goats on the mountains of Gilead.'
'Her hair is like unto a mantle of porphyry.'
'If a woman should go bare-headed, she shall be shorn,
and if this step
be distasteful to her, she shall be shaved as well.'
Should a woman be dragged by her hair to a fold
as a lamb to the slaughter? By shepherds? Were they bald?

Standing before your altar,
in my worst nightmares, I see
a woman, shorn, being drowned as a witch,
each single hair plucked out;
another girl reaches out to her,
she is tarred and feathered in dark stains;
she turns into Esther, offers shit and mud
instead of rare perfumes.

Jesus, what would you say today
to women who wear veils?
Is there a place for us in your sanctum?

We long to hear that story
again and again. The one about a sinner.
You let her dry your feet
with the unfettered beauty of her hair
and nobody stopped her. Nobody.

[EAH]

IV

Mamiaith –
heniaith mam a merch.

Ar adeg salwch, byddai yno
yn cledru talcen,
dwrdio cudyn i ffwrdd,
yn tylino'r dwymyn yn fy ngwallt,
ei fwytho nes imi gysgu.

Dyddiau hoen hefyd, minnau'n hŷn
gwingwn at fy asennau
wrth iddi dwtio 'ngwallt
fel tawn i'n ddoli glwt;
osgoi mellt sydyn, dur ei llaw.

Ond heddi, deallaf yn iawn
mai heniaith mam a merch yw,
yn fys cymhennu cariad
â chudyn, fel dal ddoe'r hedyn,

y cyffwrdd mewn byd o foelni
un blewyn o grinwallt aur;
a'i arwyddair yw fy nhlysni
pob euryn dros ael yn goethyn,

a doi, fe ddoi un dydd
f'anwylyn, pan fyddi'n benwyn,
i fethu'r ysu am anadl
y cnwd ddaeth o'th gnawd – trwch blewyn.

IV

The mother tongue,
the old language between mother and daughter.

At times of sickness, she'd be there,
her palm flat on my forehead,
chasing a curl away,
kneading the fever which frothed in my hair,
stroking it until I fell asleep.

On the good days, too, when I'd grown older,
it made me cringe to the marrow of my bones
when she tidied my hair
as if I were a rag doll.
I avoided her hand, cold as steel, sudden lightning.

Now I realise at last what it was:
the old language between mother and daughter,
a fingerpost to love in a lock.
It's like holding a seed's past,

that touch, in a naked world,
of a strand of curly gold,
the emblem of my pride,
each strand on your brow rejoicing.

And yes, my loved one, one day
when your hair is white,
you will crave the hair's breadth of breath,
the fruit of your flesh.

[EAH]

V *Dwy Wraig*

dan balmwydd ei chantel
a'r awelon iachus,
'hir oes i hetiau!' meddai un
at lun tangnefeddus;
'Mynd i Ascot ynteu'r Derby?'
eilwaith ei gwamalu,
'Dim ond un man sydd i mi,'
meddai'r llall,
'Ras Chemotherapi.'

V *Two Women*

under her shady, palmy cantle,
where healthful breezes play and mingle,
'Long live hats!' says a woman
to the picture she makes,
'Going to Ascot! Or the Derby?'
she joshes again,
'There's only one race for me,'
says the other, in pain,
'The Chemotherapy Stakes.'

[EAH]

VI *Trinydd Gwallt*

God himself dressed Eve's hair that the first woman
might better please the first man
> – JEWISH LEGEND

A gwisgodd amdani gaeau ŷd o wallt,
a'u cywain, yn eu pryd, yn gnydau cymen uwch ei gwedd,
onid dyna'r clipad cyntaf sydd inni o fanylu'r Creu,
y Duw-cywrain, yn ei barlwr trin gwallt ar gwr Eden
yn gweini'n garcus uwchlaw ei hysgwyddau
gan hymian rhyw gân wrth ddiffinio'r chwiliores:
cyrliau'n haid o wenyn meirch, un funud yn suo
a'r nesa'n anweddu'n fyrlymau mewn gwlith-law;
llinynnau tyn wedyn o ddail tafol nes gweithio modrwyau aur
o'i chwmpas, ac iro ei phen ag aloes yn baradwys danlli-bêr,
cusanau sydyn o gudynnau, rhai'n weflog hirhoedlog
yn canu fel clychau'r gog ar ei gwar, weithian yn ddrymiau bongo –
masgl hollt cnau yr areca wedi eu lluchio mewn hwyrnos gwig.

Mingamodd lethrau ei gwallt, rhedeg bysedd trwy raniad syth
ei phen. Taenu rhubanau o frethyn eilban amdani gyda balchder.
Un a greodd ddarlun o ryfeddod. Traethu'n barhaus
cyn dangos iddi, mewn drych ôl ym mhwll yr hwyaid
a drych blaen nant mewn colbren – yr un twtiad ola'
cyn dwrdio mân flew i ffwrdd, gydag ysgub cefn ei law.

Daeth Adda heibio. Edrych yn syn ar glystyrau'r mafon
addfed. Yn aros eu blasu. Eisteddodd yn ei chadair fonedff.
Yn lle gorfoledd gwancus gofynnodd am wasanaeth:
chwennych coron hafal i'w chorun hi!

Ac am ddwy fil o flynyddoedd gadawodd ei hogfaen
i rydu. Gadael y greadigaeth heb barlwr;
oherwydd hollti blew y ddynoliaeth am ragoriaeth –
rhoddodd, unwaith, goron ddrain, ar fab, yn ddychan
am ddiffyg diolch dynion. A phlannodd sofl a gwrych
ar ên, dan drwyn, mewn clustiau. Gan adael iddo
foeli'n araf deg, drwy'i fywyd, am fynnu *mwy* o drwch,

VI *Hairdresser*

God himself dressed Eve's hair that the first woman
might better please the first man
— JEWISH LEGEND

And he dressed her with cornfields of hair
gathering their ripeness, neat sheaves about her face.
Isn't this our first detailed glimpse of creation?
Fastidious God in his parlour at the edge of Eden
tenderly working over her shoulders,
humming a song as he fashioned the honeycomb,
her curls laden one moment with murmuring bees,
the next bursting bubbles of dew-rain,
strung dock-leaves worked into ringlets of gold
about her, oiling her hair with aloe in a new-made paradise.
Brief kiss-curls, some lipped and longlasting
singing like bluebells on her nape, some bongo drums,
areca shells cast in the forest's dark night.

Spit-curled, fingers running straight furrows
on her head, bound and ribboned with a second cloth of pride.
He created a marvel. How he went on and on
before he let her look, with a duckpond mirror behind
and a hollow-tree pool mirror in front. That last touch
before fussing small hairs away with the brush of his hand.

Adam came by, stunned by the clusters of raspberries
ripe for the tasting. He sat in her tree chair
and instead of expressing delight he asked for service,
craving a crown to match hers.

So for two thousand years he let his stone blade
rust. Left creation without a beauty-parlour.
Because of the hair-splitting human gripe about beauty
he gave his son a satirical crown of thorns
for man's ingratitude, planted stubble and hedge
on his chin, in his nose, in his ears, and let him
grow balder as long as he lived for his jealous greed for hair,

gan adael rhimyn crwn yn llwybr cerdded
ar ymyl ambell glopa diwallt,
yn atgo am foelni y ffolyn cynta,
a dynnodd nadredd llysnafog am ei ben.

* * *

just a rim, just enough to go round
the edge of his hairless skull
to remind him of the first fool
who brought down snake-spit on his head.

[GC]

*   *   *

Enwi Duw

'God is just a name for my desire.'
— R. ALVES

Tacsi.

Codi llaw am dacsi. A bydd yno. Weithiau'n segura,
yn byseddu'r oriau. Edrych yn ei ddrych ôl
am yr hyn a fu. Ac o'i flaen y sgrin wynt
sydd rhyngom. A'r nos dinboeth.

Fe ddaeth unwaith. Gweld crwybr ei fetel
yn felgawod. Nid ymwthia nac arafu
na choegio siarad gwag. Rhwng gwter a phalmant
cerddais nes ymlâdd. Ochrgamu'r dorf.

Alltud unwaith eto. Ar drugaredd amser,
yn ofni'r anghynnes ddynesiad. Osgoi trem
ysgogi. Yna, Aros. Atal fy niffyg hyder.
Cerbyd i'r sawl sy'n swil neu'n swagro yw.

Nid yw'n holi cwestiynau. Cymer fy nghais
O ddifri. Hwn oedd y tacsi perffaith
yn troi'r sedd wag ochr draw imi yn seintwar
yn deml syml. Tenemos. Yn Seiat diarweiniad.

Chwiliaf am yr un tacsi o hyd. Ond cerbydau eraill
a'i oddiwedda. Cynnig siwrne a hanner
am lai. Mae pris ei dacsi'n rhy ddrud imi ei ddal
a'r enaid yn gintach talu'r cildwrn.

Amlach na pheidio, aros nes disgwyl a wna
ar ddiwedd y ciw. Gŵyr wewyr pob aros:
sefyllian wrtho'i hun; disgwyl i'r llaw nesa
godi. Esgyn. Estyn am y drws agored.

Os dewiswn afaelfach ei fynd a'i ddyfod
bydd yn gosod ei gloc, yn ras â'r oriog –
aros neu ddisgwyl; disgwyl nes aros – a'i rin
fydd man cychwyn y siwrne ar ein rhiniog.

The Many Names of God

'God is just a name for my desire.'
         – R. ALVES

Taxi.

I hail a taxi. And he's there. Sometimes he idles,
fumbling through the hours. Looking in his rear mirror
for what's been and gone. And before him, the windscreen's
between us. That and the panting night.

He came once. I saw the reflection of his honeycombed metal,
He isn't forward, didn't slow down,
didn't make empty conversation. Walk? Until I nearly dropped
between the gutter and the pavement. I sidestepped the crowd.

An exile again. At the mercy of time.
fearing a cold come-on. Avoiding a gaze,
evading contact. Then I stop. Take hold of myself.
This motor's for everyone, be she bold or shy.

He asks no questions. He takes my request
seriously. This was the perfect taxi
the empty seat opposite me, a sanctuary
a simple temple. Tenemos. Confessional with no priest.

I'm always looking for that same taxi. But other cabs
speed by. Offering a longer journey, cut price.
His taxi's too dear for me. My soul
begrudges the tip.

More often than not, his wait turns to expectation
at the end of the queue. He knows the agony
of standing around. He waits for the next upturned hand
to rise, reaching for the open door.

If we grasp the handle of his coming and going
he'll set his clock; the stopping and the waiting
race by; we're still expecting something when we stop –
in the journey's beginning on our new threshold.

[EAH]

Llysenwau

(Dewa)

Dduw, bûm yn chwilio llysenwau iti
fydde'n daniad ohonot.
Yn y bore – gwlithen wyt
sy'n cronni glas llygad. Clipad
Amrant. yna nid wyt. Dychweli
i'r anweledig dlodi y rhoist iti
dy hun. Gwlithen fesul gwlithen
anwedda pan yw'r gwallau
yn codi'n gread llawn glosau.

Gwlithen arall wyt yn y cyfnos,
llysnafedd arian yn llwch gwyn
gan adael llwybr ara deg
i ymrafael â sangiadau dyn,
y byd yw dy gragen
a'th ollyngodd i'r llaid
eto, ariangylchu a wnei

cyn dychwel i'r lleithder,
lle mae'r gwair
yn dal dy ddagrau gyda'r gwlydd.

Nicknames

(Dewa)

God, I have been finding names for you,
ones that would conjure your presence.
In the morning you are a single drop of dew
which shrinks small as an iris. In the blink
of an eye you are gone. You return
into that invisible poverty you have granted yourself.
You evaporate, drop by drop. Our errors
refract to a creation wound round with explanations.

At dusk, you're a snail's trace,
a silver trail of pale dust,
leaving a slow swathe
to trip and snare men's trampling feet.
The world is a shell;
it has left you in the mud
yet still you turn in your silver toils

before returning to the moist place
where the grass-blades
cup your tears on their stalks.

[EAH]

Pysgotwr

Ar dir sych,
tu ôl i ddesg, yn ddisgybl;
coler crys agored
cil ei galon ar gau.
Amrant, a thry'r tatŵ
ar ei freichiau'n destun storm,
geiriau sarrug yn afledneisio'r aer,
achosi mellt,
o lucheden i loches,
amynedd gofalydd a orfu.

wedi'r ddrycin, daeth bwa:
magnetau ei lygaid
yn dal ynof a'm tynnu
i deimlo ei wialen bysgota,
bysedd am fy mysedd,
wrth iddo fy nysgu i'w thaflu –
wynebu'n falch, eiddigedd y lli.

Daliodd fy llaw yn dyner,
o dan gliced, tynnu llinyn,
brolio ei lwyddiannau,
ef, na ddaliodd aelwyd,
na thymer i'w bentymor,
llai fyth, dal cariad, yn haig:
ei galon ollyngwyd
drwy rwyllau'r rhwyd.

'Ddowch chi nol i 'ngweld,' gofynnodd,
addewid yn fy nal, fel y daliodd
fy anadl am oriau'r bore hwnnw,
anadl leiniwyd ag angerdd;
un ddalfa hir yw bywyd
a'i abwyd,
am daflu i ffwrdd, a thynnu atom

74

Fisherman

On dry land,
behind a desk, he's a pupil;
his shirt-collar open,
no chink in his heart's door.
In the blink of an eye, the tattoo
on his arm whips up a tempest:
sarcasm splinters the air
to lightning –
sheltering from a bolt,
the teacher perseveres, wins out.

After the storm, a rainbow.
His eyes, like magnets,
hold me, drawing me on
to feel his fishing-rod,
his fingers around mine
as he teaches me to cast:
facing the jealous waves filled with pride.

He held my hand gently
under the reel. Pulled the line,
boasted about his catches, he,
who'd never landed a home,
(Never kept his temper long enough,
never mind catching a shoalful of love.)
His heart had slipped through
the holes in the net.

'Will you come and see me again?' he asked,
a promise hooking me, as it had hooked, and held,
my breath for hours that morning,
my breath drawn in by passion.
Life is a long fishing,
baited
to cast love off, to spin love in again,

Gariad. A weithiau daw'r lein i'r lan –
heb ddim. Un faneg weddw;
yn y distawrwydd hwnnw, dim ond ffunen
oedd rhyngom a pherthyn –
wrth chwildroi'n ddychmygus i'r anwybod,
lle mae pysgod llithrig yn sleifio heibio.
Ac ambell un pitw, o'i ddal
yn cael ei daflu 'nôl at fronnau'r môr.

and sometimes we draw the line to shore,
empty. Only a widowed glove;
and in that silence there was only a rod's breadth
between us and belonging –
as we span, in our imagination, down to those depths
where slippery fish go slithering past.
Where they throw tiddlers
back on the sea's breasts.

[EAH]

Colomennod Cwm

Yn crugo'r mynydd mae rhes o gytiau sgwâr
cytseiniaid sy'n clecian i glust y gwynt
yn gollwng i'r awyr eu hadenydd gwâr.

Maent yno'n ddisyfl, pileri ar fryn,
cynheiliaid rhyw gwysi yn gymen eu pridd,
yn noddfa uwch daear yn y parthau hyn.

Sawl colomen ehedodd o'r dalar i'r nos
a tharo pell lannerch gyda'r sôn dan ei phig
am segurdod y lofa a'r gymuned glos?

Adar trugaredd, maent hwy'n dal yn driw
wrth herio'r entrychion o fyd mater – bras
cyn disgyn i'r darren heb elw na chwiw.

Angylion ffurfafen wedi'r cyfan ydynt hwy:
Symbolau o ansymudolrwydd eu plwy.

Pigeons in Ebbw Vale

Heaped on the mountain a terraced row of huts,
hard consonants in the wind's ear,
releasing their mild wings into the air.

Still columns on the hill restore
the tidiness of furrows to the earth,
solace above ground in a place like this.

How many have flown into the night from this acre,
striking a distant valley with a message –
the silence of the mine and its close people.

Birds of mercy, fidelity,
daring the clouds from the world of matter
before they touch down on a hill without will or reward.

Sky angels. Symbols
of a valley's immobility.

[GC]

Prynu Mannau Claddu

Os yw byw'n ddrud, mae marw'n grocbris
a'r mudo maes o law, yn ddiwladwriaeth.
Eto, deiliaid a ddônt i'r wlad i brynu darn
a'i gadw, yr eco am y dydd diecoleg
pan ddaw. Ym mhlwy tragwyddoldeb mae gris
ar y graean a deflir ar allanfa sgwâr.

Buont eisoes yn trefnu'r libart. Er haelionnus
yw marwolaeth, rhaid talu treth sicrwydd
hirhoedledd ar dalar. Yn betryalau trech
na phris petrus y farchnad. Cwr dethol solet
uwch briweg y cerrig. Cyn codi maen clais, un ddu.

Nid dinod mo'r paratoadau. Rhaid mynnu
cysgodle dyrchafedig. Achub y cyfle ar eiddo
A rydd gysur am einioes. Ys dywedir, bu fyw'n dda,
ond bu ei farw'n well na'r cyffredin. Amred
ei drigle am dragwyddoldeb. A daw'r wraig ato, draw

i fyw ar ei gefn. Dyma'r coloneiddwyr newydd sy'n hawlio
eu lle. Yn codi brad ar bridd. Uwch erwau cyfyng.
Ond siawns y bydd wincio'r gwahaddod arnynt
a chlustiau'r derw'n fain wrth gyrraedd gwyliau sad,
a'r cyrafon ar y cyrion yn canu hen alawgerdd y llwyni
am fuddsoddiad mor ansylweddol. Yn suo – 'Piau'r beddau?'

Burial Grounds

The cost of living's sky-high; dying will bleed you dry,
yet death, when he does come, has no dominions.
And still his tenants trek to the country,
looking to buy a piece for keeps –
foretales of a day when ecology won't matter.
In eternity's parish the gravel strewn
on that squared-off exit's a stepping-stone.

They've already staked out their demesne. And though death
is generous, they'll pay the levy asked
as long as they can stay on God's acre.
These rectangles look safer than market variables,
solid set-asides under the stonecrop. Then they'll rear that dark
      marble.

The preparations aren't modest. He requires
a well-set-up shelter, so he seizes the chance
to snap up a property that's his for life.
As they say, he lived well, but he died better
than most of us. His mansion's measure is forever.
And then his wife will arrive, cuddle up close to him.

These are the new colonists, who demand
a space. Who buy the betrayal of earth above cramped acres.
But I don't doubt
the moles will wink at them, the oak trees bend to listen
on their one, everlasting feast-day,
and the berries on the fringe will sing
the old laments of the bushes
over this unsafe investment, whispering: 'Who owns this grave?'

[EAH]

Canfas Bywyd

'I've always been a conservatory' (adeg etholiad).

Tŷ gwydr ydoedd i gyd. Hyhi a'i gŵr a'i thad
o'i blaen. Hen ach o ffenestri bras
yn brolio allan i'r bae. Ond weithiau deuai storm,
poeri'n sarrug ar baen. Gadael hirael ei staen
a thrwyddo gwelwn wythiennau geni – rhai glas.

Tu hwnt i'w dalcen mae tŷ arall. Un deulawr
er brolio ach o bridd. Mynna draethu yn groch
atgofion am sgwarion papur newydd ar fachyn
yn y ceudy lawr yr ardd. Cofia ef o ble y tardd
ond ffenestri dwbwl sy'n erlid twrw – i'w lif gwaed-gwangoch.

Ar y gorwel mae ffermdy. Muriau'n cwyno i'r gwynt
am ddyddiau gwyngalchog. Pylodd gyda'r plisgen ar lygad;
cofia am hafau pan oedd troi dwylo rhwng dynion. Heddi
meddylia ai ei berchen yw'r banc. Ynteu'r hen lanc
sy'n gwerthu fesul darn bob blwyddyn
– wrth i fyngalos godi – pwysau du.

ar dir fy ngwlad mae nifer o drigfannau.

Ond po fwyaf y goroeswn y tymhorau, mwya'n y byd
yr â'r priddfeini yn llai a'r awyr yn glaerwyn;
a gwelwn na fu raid wrth wydr i barhau, cans cenedl
o glai a cherrig mân oeddem. Digon yw graean,
erys cestyll heb ffenestri i wrthsefyll canfas ein ffwlbri,

a thu hwnt iddynt mae lôn gul sy'n dirwyn i ben mynydd
ac yno, giosg bach ei ddefnydd, diddosben blastig amdani
yn lloches stond. Rhag ofn. I bobl ar y clwt swatio ynddi.
Yno, mae sŵn canu taer – wrth i rywun, yn rhywle
wneud caniad pellter mawr i Gymru.

Life's Sweeping Canvas

'I've always been a conservatory' (election time).

She was a glass house, through and through. Herself and her husband
and her father before her. A long line of large windows
bellying into a bay. But sometimes a storm
would spit spitefully at one of her panes. Leaving
a long dribble, like a true-blue varicose vein.

Beyond her gables there's another house, double-storied
though, historically, made of cob. It reminisces loudly
about squares of newspaper speared on a hook
in the bog in the garden. It remembers its roots
but double glazing deadens any sound
which might chill the pale-pink flow of its blood.

On the horizon there's a farmhouse. Walls wail into the wind,
recalling limewash. It has crazed, like a cataract, but remembers
             days
when hands helped each other. Today it wonders
whether the bank owns it. Or is it that old bachelor
who sells it off, piece by piece, every year,
as bungalows mass, a black cloud.

on the soil of my country there are many mansions

Yet as we survive each season, and our bricks crumble
and the sky rises, a white blank above us,
we see that we didn't need glass after all, we're a nation
of clay and small stones. Gravel's enough.
Our blind castles still stand – our threadbare canvas won't patch
             their windows.

And beyond them there's a narrow lane to a mountain-top
and a little-used kiosk, cauled in plastic,
a stubborn shelter. Just in case. For desperate people to squat in.
Inside, ringing, ringing – as someone, somewhere
makes a call, from a very long distance, to Wales.

[EAH]

Canwr ar y Siwrne Serth

Mae croeso gwên derbynnydd gwesty, yn gariad
i gyd. Ar siwrne serth ymrithia'n allor
a gynnig allwedd i baradwys pob ffŵl.
Y neb a chi fydd yn ei nabod. Dros dro. Ymhell o dre
at luniaeth a ragluniaethwyd.
ffin saff yn ôl fy ffansi.

Es yno fy hunan. Gadael gofalydd dros dro
gyda mam a'i ffrasys. Hi fu'n elino
fy nyddiau. Digon am einioes yw ei grŵn
am ffieiddglwyfau moes yr oes sy ddreng.
Collais flas ar wylio ffilmiau. Ei gwau a'i gweill
yn stofi pob cnawd. Mor unbenaethol.
Yna byddai'n cyfri rhesi'r gwau a'r geiriau mawr,
edliw talu am y teledu. Arhoswn weithiau nes âi i'w gwely,
fi, wyfyn yn dal tro'r golau. Ei gweld i'w llofft
cyn cael cynffon ambell raglen gloff.

Ond heno. Cloi drws a wnes. Estyn gwin
at wefus risial. Ar fwrdd rhwng dau wely
tynnu'r fideo o'i wasgod. A do –
gallu ymgolli. Ymorwedd gyda nhw –
Gïeuol dystio i'r aelodau'n rhannu.
Cau gwrthod.

Aml y bûm yn meddwl pam y caewn lygaid
yng nghanol cestasi. Addoli, a charu
yr un ydyw yn y bôn. Mynd yn dywyll
at ryw oleuni. A pham, yn wyneb adfyd
neu feunyddioldebau mor llygad agored yr ŷm.
Fiw imi siarad fel yna gyda hi –
fe ddywedai mai pryfed llwyd yw'r print sy ar lyfrau.

Fe'i gwyliais nes i'r cysur droi'n gesair. Un noson
bob hyn a hyn yw gwarineb. Lordio'n rhydd
ymysg dieithriaid. Ni wyddan nhw beth ydw i.
Ond myn pob un ei dangnef ei hun. Dyna ddyweda i,
dyma'r oes pan yw dieithredd yn bleser. Perthyn yn
Aberth.

Singer on a Slippery Slope

The hotel receptionist's smile lights up like a lover's.
On your long journey it rises up like an altar.
It offers the key to every fool's paradise,
and no one but you need know. It's temporary. Far from home,
you turn and see a banquet laid,
and you're the one that sets the rules.

I went there myself. I left someone to mind
mam and her moans. She, who knocks
my days into shape. Her whingeing about this
abcessed age we live in will last me for life.
I lost the taste for watching films. Her knitting
and needles drew the wool over all that flesh. So dictatorial.
She'd count the swear-words along with the stitches,
begrudging the licence fee. Sometimes I'd wait till she'd gone to bed,
me, a moth trying to catch the light. Watch her to her room
before catching the tail-end of some jerk-off programme.

But tonight. I got to lock the door. Poured wine
over a crystal rim. On a table between two beds
I drew the video from its sleeve. And yes,
I could give myself up to it. I laid among them,
every sinew witnessed the parting of limbs,
refused to be shut out.

I've often wondered why we close our eyes
when in ectasy. Workshipping, loving – in the end
it's the same. Moving through darkness
towards a light. And why, in the face of hardship
or the daily grind, are we wide-eyed?
I could never talk to her like that
she'd say that printed words are like a cloud of gad-flies.

I watched it until its comfort began to sting. A night
now and then's the civilised thing. Lording it freely
among strangers. They don't know what I am.
But everyone's looking for his own heaven. What I say is,
strangeness is a pleasure nowadays. Belonging,
a sacrifice.

Allan mae hwyrwest yn y lle hwn.
merched mewn leicra yn aros eu marcho,
dynion am ddangos eu dawn amraid.
Yma, ces siwrne serth eto, un agoriad
sy'n agor a chau fel cusan bywyd.

Outside this place there's an all-night party,
girls in lycra just waiting to be ridden,
men willing to show you a spectrum of skills.
So I climbed up again on the slippery slope. Towards the mouth
which opens and closes. Like the kiss of life.

[EAH]

Croesau Calonnau XXXXXXXXX

Croes ar ddarn o bapur oedd yr unig gariad
y gwyddai sut i'w roi. Croes ymgroes-ddu,
Chwarae a wnaeth arni, gan adael
bob tro. O. SERO. Yr unigol O. Dim,
dim i fyw drwyddo, ond ymrafael
â'r O. Y FO yn erbyn yr Hi,
lledr rhad clytiog ei chalon. Dan gaead,
tu hwnt iddo'i gwnio, yng ngolau dydd.
curodd hi, fel y curai gwragedd wyau.
Nes troi'i heinioes a'i hwyneb yn un groes.

'Ddeallodd hi erioed pam y rhoed iddi'r nerth
i'w garu. I ofalu. I ddal ati i gredu,
bob tro, wedi'r drin y byddai'n newid,
yn ddyn newydd. Ond hen oedd ei phoenau,
a hen oedd yfô. Er bywiocâu 'r ôl ei bwrw;
Fe brynai rosynnau, heb ddrain, ei thendio,
rhoi talpiau iâ ar facynon er mwyn lleddfu
a'i helpu i dynnu'n gynt y chwydd i lawr;
'ddeallodd hi, chwaith, pam y cai dynion
facynon mwy eu maint. A hwythau'n crio llai.

Rhai fel hyhi a grïai. Hwy hefyd a garent,
gan weld tu hwnt i'r bwystfil a'r bwli mawr,
Ei gwr HI oedd e. Yn perthyn iddi. Hithau
wedi addo, addunedu, ar lw, er gwell er gwaeth,
A dyna ben. Annibeb. Ataliod llawn, priodas wag.
Ond carai ei groesau xxxx. Y rhai ar bapur –
a ddaeth o garchar. Y rhai a wnai y tro, yn iawn
am groesau mwy a ddaeth i'w rhan. Addawodd,
chwilio 'fory am glamp o garden. Rhoi calonnau croesau
a'i anfon ato. Croesau'n groeso i gyd fel gwres ar foch.

Cross My Heart and Hope to Die XXXXXXXXXX

The only kind of love he knew how to give
was a cross on a piece of paper. A black criss-cross.
He played games with her, throwing down his hand
every time. O. ZERO. Individual O. Nothing,
nothing to live through but the battles with
this O. His O against 'Her', her heart's
cheap, battered leather. Under lock and key,
beyond his mending, in broad daylight.
He beat her, as women will beat eggs,
until he'd turned her face, her life into a cross.

She never understood why she'd been given
the strength to love him. To keep on believing,
every time, after the fight, that he'd change,
be a new man. But her griefs were old,
and he was ageless, though he'd spring up again after beating her.
He'd buy thornless roses and tend her,
wrap lumps of ice in handkerchiefs to soothe
and bring the bruise down quicker;
and then she understood
why they made men's handkerchiefs bigger,
though they cried less.

It was people like her who cried. People like her who loved,
seeing, beyond the beast, the big bully.
HER husband. Hers. She'd promised
been promised, on oath, for better or worse,
and there was an end of it. A loose end. A full stop, an empty
                    marriage.
But she loved his xxxx crosses. The ones on paper –
from prison. The ones that more than made up
for the heavier crosses she had to bear. She promised herself
to look, next day, for a huge card. To put
hearts and crosses on it and send it to him.
Crosses flushed with welcome, warm like her cheek.

[EAH]

Gwyn A. Williams was a passionate, original and poetic historian who journeyed from century to century. 'He wrote with consummate skill about Italian communists, French sans-culottes, London communards, American intellectuals, Spanish revolutionaries, freeborn Englishmen and radical Welshmen' (Geraint H. Jenkins). He also made his mark as the people's remembrancer, and brought the past to life on television, crossing frontiers that were often outside academia. *When Was Wales? A History of the Welsh* (1985) was only one of a number of inspiring texts that was to enthuse and challenge the future of Wales. In its closing paragraph he writes: 'One thing I am sure of. Some kind of human society, though God knows what kind, will no doubt go on occupying these two western peninsulas of Britain, but that people, who are my people and no mean people, who have for a millennium and a half lived in them as a Welsh people, are now nothing but a naked people under an acid rain.'

POEMS IN MEMORY OF
Gwyn A. Williams
(1925 – 1995)

Professor/Historian/Broadcaster/
The people's hero/Welshman/
The nation's remembrancer

*'It's very easy to love Wales, it's the
bloody Welsh who are the problem'*
GWYN A. WILLIAMS

1 *Parêd Paradwys*

'*The Welsh have danced among these giant cogwheels
before. Wales has always been now.*'
GWYN A. WILLIAMS

Mae pris ar bob paradwys.

Chwiliaist arian daear amdani
camu trwy gastell a thŷ unnos
dangos y rhwyll yn eu parwydydd,
dilyn diadell ddynol yn diasbora
wrth gludo i bedwar ban – Iwtopia.

ddyn unig, mesuraist y Missouri
yng nghefn y lleuad, eira'r gors a'r egroes,
ffroeni balm y lemwn, am einioes –
yr hirdaith am 'Beulah' ar ddisberod,
wrth it lwgu gyda'r lliaws – di-lofnod.

heno mae glosau'r hanesydd yn burddu,
eto, yn chwedlau'r barcud, a'r ysgafn ehedydd
bydd llith a ban y mythau'n aflonydd
gylchdroi, gyda'r sawl 'welodd nant drwy yr enfys
wrth herio wynebwerth yr haul, – a'i ewyllys.

Nid du y gwelodd un gwyn ei genedl.

1 *Paradise Time*

> '*The Welsh have danced among these giant cogwheels
> before. Wales has always been now.*'
> GWYN A. WILLIAMS

Every heaven has its price.

Earth's wealth you sought for her,
trod castle and one-night shed –
look, the gaps in the lattice!
followed the flock of humanity's diaspora
humping Utopia to the four quarters.

A lonely man, you measured the Missouri –
through gossamer haulms, cotton-grass, rosehips,
to the smell of lemon balm, for a life
– O that long trek to Beulah – gone astray.
With the unsignatured multitude you starved.

Glosses of the historian lose colour tonight,
Yet in tale of red kite, in lark's lightness,
the clamour of myths will be a wheel never-still
to his memory, who saw through the rainbow
a challenge to the vaunt and claim of the sun.

The crow sees his chick white.* The good man
did not see his nation bad.

[TC]

* 'The crow sees his chick white' is a proverb implied by the last line
but not quoted. I have had to make the reference explicit.

2 *Rhod Amser*

Cynt y cwymp deri i'r dyffryn
na mieiri o flaen dwyreinwynt,
cynt y disgyn meidrolyn.

cynt y llosg odyn ar benrhyn
nag ysguboriau cyfalaf,
cynt yw ffydd fforddolyn.

cynt na'r llychwynt ar lechwedd
y rhed aradr i'w diwedd,
cynt y try 'nawr' yn llynedd.

2 *Gnomic*

Quicker oak falls to the valley
than thorns before an east wind,
quicker a mortal man descends.

Quicker on headland burns a limekiln
than the barns of Capital,
quicker a wayfarer's faith.

Quicker than the eddying wind
runs plough to the furrow end,
quicker 'now' to yesteryear.

[TC]

3 Gyrru I Ben

'...'rown i'n 54-blwydd oed ddoe. Mae pob dim a wnaf yn awr yn ras
yn erbyn yr ymgymerwr. Alla i ddim gwastraffu rhagor o amser.'
GWYN A. WILLIAMS

Annwyl lywiedydd, troist bob siwrne'n ffawd yrru
rhwng dyfnant a dwnshwn. Pob mater yn her
a'r metel o'th amgylch yn dychlamu,

ymosod ar sbardun, cweryla â brêc, ffrithiant –
rhwng y lôn a'r llwyni. Pob creadur ar ffo
wrth dy glywed yn bracso gêrs at eu henaint,

ciliai'r lleuad i'w chwfaint wrth baderu galar,
oblegid dy herwa ar bob erw o'r ffordd
tarw dur oeddit, ar darmac ymhongar.

crynai'r sgrîn wynt wrth amrantu'r wipar
tramwyo'n ufudd ei dynged ddi-dâl,
amlach na pheidio, troi'r gwrych yn gymar:

closiaist ato, clawdd terfyn mor ddi-draha;
osgoi clec a chlatsh rhyw gerbydau syn
a ddoi'n anfoddog amdanat. Un ddrysfa

rhwng blewyn gwrthdaro a gweryd. Dargyfeirio
pob llyw arall; troi'n alltud olwynion ar chwâl,
wrth oglofrio ar iâ du dy ddrycin. Dy oleuadau'n fflachio

goleuadau coch parhaus cyn sgrialdod – troëlli –
pob noson yn gyrffiw tân gwyllt i greaduriaid;
dy gerbyd yn rhan o rali fynyddig, danlli,

ond heno, sgrîn arall a dynnwyd, i'w galed-fyd;
yn dolciog orweddog, erys heb wefrau;
collodd Cymru un gyrrwr oriog o'i gynfyd.

96

3 Driver

'I was 54 yesterday. Everything I now do is a race against the undertaker. I can't waste any more time.'

GWYN A. WILLIAMS

Dear driver, you made every journey a joy ride
between deep stream and canyon. Everything a challenge
and the metal jumping round you...

assault on accelerator, squabble with brakes, friction
between lane and bushes. Every creature in flight
hearing you paddle gears to old age.

Moon retired to her convent, to her rosaries of grief
because you were highwayman every acre of the way,
a steel bull on the dogmas of tarmac.

Windscreen quaked, wiper blinked like an eyelid
to and fro, obedient to its thankless destiny –
more often than not, you made the hedge partner

closed with it – how humble the boundary dyke –
to avoid clash and crack of the stunned cars
that were, unwillingly, coming round you. A hair's breadth,

a labyrinth, between collision and earth. You diverted
every other helm; wheels scattered to exile,
slid on the black ice of your storm. Your lights flashed –

red ones always – delinquent, skidding, spinning –
your car, like a curfew of fireworks for creatures,
every night took part in a mountain rally.

But there's another screen shut fast tonight;
prostrate and battered, nothing thrills through him;
Wales has one less rash driver through the ages.

Ac aethost ar y siwrne ola deg –
trwy Borth y Dychymyg yn ddistaw ddi-reg,
fesul pwyth ar y briffordd mewn cerbyd mor ddi-staen
sidanion amdanant. Gyrru sad gyda graen;

Un limosîn diogel –
heb groesi llinell na thorri cornel.

And you've gone on that last fine journey
through the Imagination's Portal, uncursingly quiet,
on the main road, stitch by stitch, in a spotless carriage,
silks all round you! A curtained limousine

driven so discreetly, so with the grain – safely –
never crossing white lines, or cutting a corner.

[TC]

4 *Angladd Internationale*

'Then comrades come rally
the last fight let us face
the Internationale unites the human race.'

Daeth y Chwyldro i Arberth –
adar llwch mewn cotiau angladd,
daethant, yn wrth anarchaidd
un pnawn taclus ddiwastrod,
glaw dwys tachwedd yn oedi
cyniwair ei fyfyr dros filwr
a fu heb gatrawd, heb gartre cudd –
eto'n dyheu am chwa o wrthryfel.

Ond rhyfel arall a ddaeth
yn ddigyfrwy o gyfrwys
(bore cynffonnau wyn bach ar baladr y brigau),
galwad di-gerbyd oedd;
ni chododd o lyn, na chydio mewn llafn,
na thynnu'n groes i'r hesg fu'n cysgu,
ni ffrwydrodd o'r ffeg, na chreu ffair Glanme,
ymwelydd un gnoc – ar 'sgyfaint
pelydru croes, ingwasgu'i frad –

tu chwith ei fyned, cad ei ryfel cartre
a'i faes, galanas ei fynwes.

* * *

collodd Dyfed ei hud yn y niwl
wrth ei gario ar barodi o droli,
yn gyff mor anghyffwrdd.
Oni ddylem fod wedi ei ddyrchafu
yn ysgwydd uchel, yn null pueblo
gan ysu am iau'r ymadawedig ar wegil?
Oni ddylem fod wedi dilorni yr olwynion trahaus
am hwyluso ei hebrwng –
herio eu grym gyda grasusau
o enau ein Gramsci?

4 *Funeral Internationale*

'Then comrades come rally
the last fight let us face
the Internationale unites the human race.'

The Revolution came to Arberth –
storm birds in funeral coats
came, most unanarchically
one afternoon, tidy, unregimented...
the sombre loitering rain of November
marshalled thoughts of a soldier
who'd no unit, no safe house
yet longed for rebellion's gust.

But another warfare came
and craftily unhorsed
a morning of white catkins on the spearing twigs.
The call came without chariot,
didn't rise from a lake, didn't grasp blade, or
ruffle like a wave the sleeping edge;
didn't explode from uncut hay, or create bedlam
– no, a one-knock visitor, on the lungs
cross-rayed, squeezed with agony his treason.

Wrong way it sent. The army of civil war,
the battlefield, carnage at his breast.

*   *   *

Dyfed had lost its magic in the fog
as they bore him away on a parody of a trolley
like a log, so untouchable!
Shouldn't we have lifted him
shoulder high, in Pueblo fashion
craving on our nape the yoke of the dead?
Shouldn't we have scorned those arrogant wheels
too conveniently conveying him –
and challenged their force with graces
from the lips of our Gramsci?

Ond dyrnau dig tuag at Epynt
oedd helynt yr arwyl heddgarol –
talmu ffydd ein dinasyddiaeth;
cyn troi'n sodlau, am adre –

fflam llwynog mewn Safn un anadl.

*   *   *

O'r tu ôl inni, yr angladd nesa'n aros,
dau ddyn mewn fen, gydag arch ysgafn – rad
mewn ymgyrch ddiymgymerwr,
yn gwneud DIY o DNA.

buaset wedi chwerthin hyd at beswch,
onid dyna oedd dynion iti,
y proletariat yn creu o'r seilam
ryw salm sy'n rhydd,

yn erbyn – angau a'i sgwâr seguryn:
onid mawrhad yw marwnad dyn?

But look, angry fists towards Epynt
were raised at that peaceable funeral
to distribute the faith of our citizenship
before turning on our heels, for home −

A fox flame in a unanimous mouth.

*   *   *

Behind us, the next funeral waited,
two men in a van, with a cheap deal coffin
in an expedition without undertaker
doing a DIY of DNA.

You'd have laughed yourself into a cough
because that was mankind to you −
the proletariat creating from the asylum
a psalm that goes free

against death and its square good-for-nothing:
isn't to make great the epitaph of man?

[TC]

5 *Blwyddyn Y Pla'*
Gwyn A. Williams – Refferendwm 1979

Fflachiodd goleuadau'r ddawns i nodi ei therfyn
collodd y rhythmau eu byddardod ifanc
rhoddwyd y bai, nid ar ein traed ond ar ein Tir.

'Ai llwch yn y gwynt ydym,' llefaist
'Ai deunydd crai hanesion eraill,'
Ai llwyth sy'n cycyllu mewn coedwig
Wrth weld adain hollt, gan filwg ambwl?

Ynteu, ai cenedl yn noethlymuna oedd hi
yn ffaglu ar eurwallt y mynydd-dir,
glaw asid yn tasgu ar ei chroen llosgwyllt;
atblygon y rhewynt yn rhincian gewynnau
wrth droi nwydau'n las mynawyd y bugail.

Do, holaist dy hun yn ddidrugaredd
ai deddf disgyrchiant a ddrylliwyd,
swmbwl yn y cnawd ger godre'r graig,
ai llygod bach oeddem a'r gath hunanfodlon
yn gwatwar ein gwingo dan losgwrn a phalf?

Cenedl cnu un ddafad farw oedd ar ein dwylo,
yn ddameg basgedig –
ac yn ystod hyn oll
roedd pyncio cras
nioo tyn dy niootin
yn canu brud, dy bryder
yn tynnu sêl o'th seler
gwaed ei grawnwin yn gochddu.

Oedodd y ddawns wedyn –
– di-fiwsig arianbib yn y llaid,

cerddodd yn waglaw i'r anialwch –
troi ymysg Mandans cefn gwlad –

lladinwr unig yn y glaw.

5 *The Year of the Plague*
Gwyn A. Williams – Referendum 1979

Lights of the dance flashed to mark closing time,
rhythms abandoned the young to their deafness,
transgression not at our feet was laid, but on our land.

Are we dust in the wind, you wailed?
are we raw material of other folk's histories?
are we a tribe blindfold in a wood?
are our wings chopped by a blunt billhook?

Was the whole nation, then, stark naked
flaring on the moss of the mountain land,
our wild burnt skin splashed by acid rain,
reflexes of the icy wind our sinews creaking,
our passions frozen blue as cranesbill?

Yes, you mercilessly asked yourself,
is the law of gravity shattered –
at the rock's foot a thorn in the flesh?
were we little mice, that a self-satisfied cat
mocked writhing beneath tail and paw?

We'd a dead sheep's fleece of a nation on our hands
as a fatted parable...
and all the time you were talking
the dry singing
of the mean finch nicotine
prophesied, as your anxiety
drew the seal from your cellar,
the blood of its grape red, black.

The dance was delayed then? –
a musicless silver flute in the mire,

he walked into the wilderness,
among Mandans at the back of beyond he walked,

a lonely Latin in the rain.

[TC]

6 *Dyn a'i Gi*

Ar dir neb,
    i'r rhai a drigai yno
ef oedd y dyn,
      fu'n cerdded ei gi
o'r gwrych-ei rychwant
        o Drefelin i Gorki,
cyfnos dwy iaith yn cwrdd,
llediaith y taeog a mamiaith ein tegwch,
        dyn yn ei blwy ydoedd,
a'i gartref – yr holl fyd.

weithiau, fe'i welwn yn chwys yr haul,
pryfed wedi eu llowcio'n ei gors,
dro arall, gwennol y ffatri oedd
ar hyd y cenglau'n symudliwio llwythau
yn garthen gaeth – a'i rhidens yn rhydd.

Ar dir neb,
    i genhedlaeth heb anwes at arwyr,
ef oedd y dyn,
    a'i genedl ar dennyn:

sangodd, i ganol ffatri segur hanes
rhoi spocen, creu sparc

nes trol'r olwynion cocos.

6 *A Man and His Dog*

On no man's land
    to those acquainted with him
he was the man
    that walked his dog
from the boundary – a span
    from Trefelin to Gorki,
a twilight where two languages met,
the slave's stammer
    and the mother tongue of justice –
he was a man in his own parish,
his home the whole world.

Sometimes I'd see him as a sundew,
a gobbler of flies in the bog,
another time, as a shuttle in a mill
along kaleidoscopic skeins, loaded
like a strict counterpane, the fringes free.

On no man's land
    to a generation not fond of heroes
he was the bloke
    with his nation on a lead:

he trod the idle factories of history
put a spoke in, made sparks

till the cog wheels
turn.

[TC]

7 Blodau Eira – 'Y Gynnar Dorf'

'But the journey goes on.'
GWYN A. WILLIAMS

Bu cynulliad eirlysiau ddoe,
yn yr allt wen yng Nghwm hiraeth,
gwaglaw farnwyr yn eu menig gwynion
yn didoli'r dystiolaeth o'u briwddail,
a holi hynt y rheiny a fu yn hel eu traed
yn twrio trwy boer gwcw, am ei frychni cildew
y gân i gôr siambr a'i sgôr-ddalen.

Yn y pellter, mae corawl cras y jetiau
yn crafu gwddf yr awyr,
ei fwnwgl yn gollwng anadl gwelw
wrth iasu peryg, yn llyncu poer
ein darn tila ni o ddaear;
yn gwatwar ein digyffro gwteri,

hwy yw'r uchelwyr newydd
sy'n creu cestyll mewn nen, yn cylchdroi
uwch cenedl y crinwas.

ar lasdwr y bae, mae'r tonnau'n carthu olew
yn llusgrwyd i adar y ddrycin sy'n disgyn
heb ddeall trais dof ein trasiedi

Ond pe baet yma, nawr, mil ddangoswn y dawnswyr,
sy'n dal i grynu wrth ddawnsio'n eu taffeta gwyn
yn daearledaenu miri yn eu troednoethni,
yn chwyldroi croesau.

7 Snowdrops – 'The Early Crowd'

'But the journey goes on.'

GWYN A. WILLIAMS

Yesterday snowdrops assembled
on the white slope in Cwm hiraeth –
judges, empty-handed in white gloves,
sifted the testimony of their bruised leaves
and cross-examined those who'd gone burrowing
through cuckoospit, for its half-visible speckling
of a score-sheet, a part-song for chamber choir.

The harsh chorus of jets in the distance
clears the sky's throat –
as danger simmers, its neck exhales pale breath,
it swallows the spittle
of our puny fragment of earth;
it makes mock of our untroubled gutters.

They are the new *uchelwyr*,*
make castles in the air, rotating
overhead this niggardly nation.

On the blue water of the bay, the waves scour oil,
dragnet for stormy petrels that light on it
not comprehending the tame violence that is our tragedy.

But if you were here, I'd show you the dancers now
still a-tremble, in their white taffeta,
a scatter of joy on the world, a barefootedness
to revolutionise crosses.

[TC]

* The 'uchelwyr' ('high men') after the conquest of Wales
in 1282 were native landowners under Anglo-Norman hegemony.
who were the focus of a Welsh cultural renaissance.

8 *Y Trioedd*

'How comfortable it must be to belong to a people which does not have to shout at the top if its voice to convince itself that it exists.'
GWYN A. WILLIAMS

A ddaeth y gred yn y Greal i ben?
'ymysg dynion newydd, wynebau estron a meddyliau eraill'
neu ai seren bren oedd – yn yr wybren?

Gwibdaith syml ar ddydd Sadwrn,
ninnau'n esgyn ar olwyn fawr y ffair –
honno'n stond, ninnau'n yr entrych
yn eistedd arni. Yn esgus aros ei thrwsio.

Ac islaw gwelwn jac-codi-baw
yn sgawtio am stadau wrth y Rhyd;
a thu hwnt iddo, hen ŵr yn gwthio berfa o ddail pygwlyb.

ac uwchlaw troeon daear – mae adenydd ar wasgar,
daw'r ysfa i'w dilyn – i ganfod Beulah –
ond anodd gwahanu'r gweilch oddi wrth y brain.

8 *Triads*

'How comfortable it must be to belong to a people which does not have to shout at the top if its voice to convince itself that it exists.'

GWYN A. WILLIAMS

Was it lost, the faith in the Grail
'among new men, strange faces, other minds'
or was it a false star after all?

Once, a straightforward Saturday excursion
at the fair, we were up on the big wheel,
when it stopped, and us at the top of the sky
still on it. Waiting to be repaired, they said.

And below us, by the ford, I could see
a JCB scouting for estates,
and beyond that, an old man pushing a barrowful of sodden black
        leaves...

And above earth's turnings, wings are migrating
and the urge is to follow them – to reach Beulah –
if it wasn't so hard to tell falcons from crows.

[TC]

NOTES ON THE TRANSLATORS

Elin ap Hywel is a poet, translator and editor of *Honno* (Welsh Women's Press), the author of two volumes of poetry, *Cyfaddawdu* and *Pethau Brau*. She was educated at Queen's College, Cambridge, and University College of Wales, Aberystwyth, where she graduated with a joint honours degree in Welsh and Irish. She has spent three years researching Irish political discourse and the concept of femaleness in the years leading up to the Easter Rising.

Joseph P. Clancy is a poet, critic and translator from New York City, where he lived until his retirement in 1990, when he settled in Wales. He is Marymount Manhattan College's Emeritus Professor of English and Theatre Arts. His selected poems, *The Significance of Flesh*, had its UK publication in 1984, and his subsequent collection *Here & There* in 1994. He has also translated extensively from medieval and modern literature – most recently a selection of Welsh folk poems, *Where There's Love* (1995).

Gillian Clarke is a poet and teacher of creative writing. She has published five volumes of poetry, the latest of which, *The King of Britain's Daughter* (1993), was nominated for Book of the Year, Arts Council of Wales. She has just completed a translation of the Welsh novel *Tegwch y Bore* by Kate Roberts and a play commissioned for Theatr Powys, *The Time of the Wolf*. As editor and reader she travels widely and has read her work throughout the world.

Tony Conran is a poet, critic and playwright, also well-known for his translations of Welsh language poetry. His recent collections *Blodeuwedd* (1988) and *Castles* (1993) were awarded prizes by the Arts Council of Wales and BBC Arts Awards. In 1995, writers and friends collaborated to celebrate his literary achievements with a book called *Thirteen Ways of Looking at Tony Conran*.